Magie der Pyramiden

Magie der Pyramiden

Magie der

MAGIE DER PYRAMIDEN IN ÄGYPTEN

SO WURDEN SIE GEFORMT

von

Reinhold Pachowsky
Immobilienexperte

Impressum
Bibliografische Information der Deutschen Nationalbibliothek:
Die Deutsche Nationalbibliothek verzeichnet diese Publikation in der
Deutschen Nationalbibliografie detaillierte bibliografische Daten
sind im Internet unter http://dnb.dnb.de abrufbar.

© Copyright 2016 Reinhold Pachowsky
Nuernberg/Germany
2. Auflage 2018
3. überarbeitete Auflage 2019
4. überarbeitete und erweiterte Auflage 2024

Herstellung und Verlag: BoD – Books on Demand, Norderstedt
ISBN: 9783758382529

dlpVerlag.de
Nürnberg / Deutschland
Kontakt: office@dlpverlag.de

Titelfoto:
Felix Peteranderl

Viele Fotos die in diesem Buch in schwarz-weiß gedruckt sind gibt
es auch in Farbe verbunden auch mit weiterem Text unter:
www.pyramidenbau.immobilien-institut.de

Inhalte:

Magie der Pyramiden

Vorwort

Die berühmten Pyramiden

Sie sind das Wahrzeichen von Ägypten und weltweit bekannt: Die Pyramiden bei Gizeh und Kairo. Sie sind etwa 4500 Jahre alt und wurden schon sehr oft untersucht. Offen war und ist bisher die Frage: **WIE wurden sie gebaut?**

Dieser Frage bin ich ein Immobilienexperte, vormals dreißig Jahre lang Inhaber und Leiter des IMI Immobilien Instituts, eines anerkannten Bildungsinstituts in Nürnberg und Autor von vielen Immobilienfachbüchern, in diesem Buch aus der *Sicht einer Immobilie* nachgegangen.

Einer Immobilie?

Dies erscheint zunächst überraschend, aber wenn die

Pyramiden entsprechend den bisherigen Theorien *neu wie ein Neubau von unten nach oben* zum Beispiel nach der „Rampentheorie" „gebaut" wurden, dann *wären sie ein Gebäude* und damit eine Immobilie wenn auch in einer besonderen Form und Nutzung. Letzteres ist nichts Ungewöhnliches.

Die grundsätzliche Frage ist somit: Kann ein so „mächtiges Etwas", das deutlich sichtbar in einer speziellen Form des Dreiecks auf der Erde steht, von den damaligen Menschen *als Neubau* gebaut worden sein?

Ich habe mich jahrelang mit den Pyramiden ausführlich beschäftigt, viele wissenschaftliche Bücher gelesen und versucht, alle üblichen Bautheorien nachzuvollziehen. Ich habe die Pyramiden innen und außen besichtigt und den Nil vom Kairo bis einschließlich dem Nasser See bereist, um mich mit der Situation vertraut zu machen. Allerdings kann man nur den *heutigen* stark veränderten Zustand sehen und nicht wie er damals war.

Wichtig ist somit, sich in die damalige Zeit vor rund 4500 Jahren zu versetzen. Unbestritten handelte es sich seinerzeit bei den Pyramiden um eine wahrlich „riesige Aufgabe", die genial gelöst wurde.

WIE diese Aufgabe damals gelöst wurde, ist das Geheimnis dieser drei Pyramiden in Gizeh bei Kairo. Ich habe die Lösung gefunden, sie ist der Inhalt dieses Buchs.

Maßgeblich für die Lösung war allerdings ein anderer Platz der Antike und zwar Isfahan im heutigen Iran, damals das Perserreich. Die frühere persische Kultur war ebenso einzigartig, das Gelände ist noch etwas ursprünglicher und derzeit noch nicht so perfekt touristisch gestaltet wie das in Ägypten der Fall ist. Jedenfalls gab es dort für mich bauliche Informationen, die Rückschlüsse auf den Pyramidenbau zulassen.

Den Bau der Pyramiden sollte man keinesfalls aus heutiger technisch weit entwickelter Sicht angehen, sondern in praktischer Art und Weise und – wichtig - im damaligen evolutionsmäßigen Kontext.

Nach so vielen Jahrzehnten des Stillstands zu dieser Frage wird es nun Zeit für einen neuen, vor allem lebensnahen Ansatz.

Folgen Sie mir nun bitte in das Ägypten vor 4500 Jahren und zur Frage, unter welchen Umständen riesige Pyramiden geschaffen wurden.

Reinhold Pachowsky

1. Das fünfte Jahrtausend vor Chr.

Die drei berühmten Pyramiden

Ich stehe auf sandigem heißen Boden vor den berühmten drei Pyramiden in Ägypten und warte auf Deniz Sahin, einen örtlichen Architekten, um mit ihm fachlich über den Bau der Pyramiden zu sprechen. Schließlich fährt eine Kutsche vor und Sahin steigt mit einem breiten Lächeln aus.

»Entschuldige, dass ich spät komme.«

Wir begrüßen uns händeschüttelnd.

»As-salàmu àlaikum (guten Tag)« sage ich ebenfalls lächelnd »für einen Ägypter bis du eigentlich sehr pünktlich«. Wir lachen und nach einer kleinen Pause sage ich:

»Ich würde gerne mit dir über die Pyramiden reden«.

»Ja ich weiß, dazu bin ich hier«.

Er denkt kurz nach und sagt dann:

»Um sie, die Pyramiden zu verstehen, muss man sehr weit in die Vergangenheit der Menschheit zurück gehen«.

Die Wurzeln der Menschheit liegen im mittleren Afrika und von dort sind die Menschen ausgezogen in die weite Welt. Ägypten liegt relativ nah und deshalb kann man davon ausgehen, dass das Land um den Nil schon etwa *fünftausend* Jahre vor Christus besiedelt war, also lange vor den Pyramiden. Und insofern verwundert es auch nicht, dass in Ägypten schon etwa um dreitausend vor Chr., als Europa noch nicht erkennbar besiedelt war, bereits eine erste Hochkultur das „Alte Reich" entstand, in dem diese Pyramiden gebaut wurden.

»Für den Bau der Pyramiden muss man also gedanklich gut *vier- bis fünftausend* Jahre zurück gehen», sagt Sahin, »und da es kaum Aufzeichnungen gibt, muss man in vielen Fällen Annahmen treffen und die Logik bemühen.«

Ich verstehe. Machen wir also zunächst eine Zeitreise von heute in markanten Schritten zurück zum Beispiel:

↓ Das Computerzeitalter ab etwa dem Jahr 2000 n.Chr. Computer wurden in dieser Zeit erfunden und beschleunigten das Berufsleben enorm.

↓ Die Industrialisierung

Strom Dampf Antriebe und damit Maschienen wurden erfunden.

↓ Das Mittelalter

Ritter und Könige prägten das Zeitalter.

↓ Die Römer

Jeder kennt die Filme mit den marschierenden

Soldaten in Sandalen mit Speer, Pfeil und Bogen, dem Kampfwagen mit zwei Rädern, von Pferden gezogen bzw. den Wagenrennen, sowie die damaligen vielen Könige, die um ihre Macht kämpften. Die Römer hatten bereits eine gut funktionierende Verwaltung und vieles ist bis heute erhalten. Zum Beispiel Jesus. Es gab ihn wirklich, er hatte drei ältere Brüder (seine Schwestern wurden nicht notiert), er war einer von rund dreihundert Predigern seiner Zeit - und das Christentum entstand.

↓ Die Griechen
Berühmte Griechen erfanden wichtige Grundlagen der Menschheit. Berühmt sind bis heute die griechischen Philosophen.

↓ *Neues* Reich der Ägypter
Die Tempel in Luxor sind berühmt für diese Zeit sowie für die vielen gefundenen berühmten Gräber.

↓ *Mittleres* Reich der Ägypter
Die 11. bis 14. Dynastie zieht es in den Süden zum Sudan. Dort werden Ziegelpyramiden errichtet.

↓ Das *Alte Reich* der 1.-3. Dynastie in der die drei berühmten Pyramiden entstanden. Diese Zeit ist der Schwerpunkt dieses Buchs.

■ Prädynastische Zeit vor den Ägyptern

Diese grobe Gliederung soll nur einen kleinen Eindruck von der vergangenen Zeit vermitteln, weil in der Literatur über die Pyramiden die Zeit oft vernachlässigt, oft sogar unfachmännisch vermischt wird.

»Die damalige Zeit des sogenannten "Alten Reichs" darf nicht mit der späteren Zeit vermengt werden«, sagt

Sahin, »und sie ist in Bezug auf den Pyramidenbau extrem wichtig, besonders im Hinblick auf mögliche Werkzeuge und den handwerklichen Fähigkeiten *dieser* Ägypter in *dieser* Zeit«.

Die im Vergleich zu heute wenigen Menschen begannen kurz vor der 1. Dynastie Dörfer und damit Gesellschaften und erste Regeln des Zusammenlebens und damit "Ägypten" zu bilden (das damals anders hieß). Der erste König Narmer war vermutlich jene Persönlichkeit an der Schwelle zur 1. Dynastie, der sein Volk zu einem einzigartigen Aufschwung und ersten Wohlstand führen konnte. Die Bevölkerung explodierte und es entstand ein neues gesellschaftliches Denken. Besitztum über Grundstücke entstand und eine gesellschaftliche Hierachie mit Bauern mit und ohne eigene Grundstücke, Handwerker und Spezialisten verschiedener Art, Beamte, Schreiber, Priester und Aristokraten, wie den Wesir, tschati genannt, und natürlich dem König als Führer mit göttlichem Anspruch.

»Ihre Sprache ist nicht überliefert, aber Sprache und Schrift haben eine kausale Abhängigkeit, das heißt, das Eine geht nicht ohne der Anderen. Sprache drückt sich also grundsätzlich in einer Schrift aus und es entstanden die ersten Hyroglyphen, von denen man bis heute nicht weiß, wie sie ausgesprochen wurden« sage ich.

»Wichtig ist auch, wie sich die damaligen Umweltbedingungen darstellten«, meint Sahin. »Vor allem der Nil war mit seinen regelmäßigen

Überschwemmungen die Lebensader, denn das Wasser brachte fruchtbaren Boden mit, der wiederum gute Bedingungen für eine ergiebige Landwirtschaft bot. Wir kommen sicher darauf noch zurück.«

»Unbedingt«, sage ich, »mich interessiert in diesem Zusammenhang vor allem das Entstehen der Handwerker als Berufsgruppe mit weiteren Untergruppen, den Spezialisten, zum Beispiel die Töpfer, die Kleidermacher, und die Bauhandwerker, die Mastabas, also Gräber bauten und den Nilziegel als Baustoff für Gebäude aller Art erfanden.«

Und weiterhin:

»Wenn man also Gebäude baute, musste man vorher doch wissen, wie das Bauen, also von der Erde nach oben im Grundsatz geht. Denn falls die Pyramiden neu von unten nach oben gebaut wurden, dann galten für diese doch auch die Regeln des Bauens.«

»Grundsätzliche Regeln, die überall auf der Welt für alle Arten von Gebäuden gelten, sind:

a. Man braucht ein Grundstück und einen Bauherr der das Objekt finanziert.

b. Dann wird das gedachte Gebäude auf diesem Grundstück ausgemessen und eingeordnet.

c. Als nächstes wird auf dem ausgemessenen Grundstück ein Fundament ausgegraben und der Aushub zur Seite gebracht oder weggefahren.

d. Nun muss das Fundament, das heute meistens aus Beton besteht, gemacht werden. Damals bestand es meistens aus gestampften Ton.

e. Auf dem Fundament werden die Wände errichtet und

aus statischen Gründen miteinander verbunden.

f. Dann folgt ein Dach, hier in Ägypten ist das meistens ein einfaches Flachdach, weil es kaum regnet«.

»Es sind also sechs Schritte erforderlich« bestätige ich.

»Das waren nur die außen sichtbaren Punkte. Der Innenausbau kommt natürlich auch noch hinzu, so dass Bauen generell ein sehr komplexes Verfahren ist.«

»Was mich umtreibt ist: Wie kam ein Pharao vergleichbar einem König seinerzeit eigentlich auf die Idee einer Pyramide?«

»Gute Frage« meint lächelnd Sahin »aber ich weiß es nicht. Als Architekt kann ich nur sagen: Diese von jeder Seite dreieckige in der Spitze steile aufsteigende Form und trotzdem insgesamt ein Quadrat, das genau im Winkel steht, ist schon für sich genommen revolutionär gegenüber den sehr schlichten Lehmhäusern des Volkes«.

»Und die für mich - und für wohl alle Immobilienfachleute - noch wichtigere Frage ist die Lage: Warum stehen die drei Pyramiden in einer Wüste weit außerhalb des Zentrums und damit in einer auch damals schon unwirtlichen und abseits gelegenen Gegend? Die späteren und viel späteren Herrscher der Griechen und Römer wollten doch immer „nahe bei ihrem Volk" und damit „mitten im Geschehen" beerdigt werden, was dem natürlichen Bedürfnis eines Herrschers entsprechen dürfte. Das damalige Zentrum in der Zeit von Cheops war Memphis, einen sechsstündigen Fußmarsch durch die Wüste entfernt.«

18

2. Die Lage

Die Orte der damaligen Zeit: Gizeh Sakkara Memphis

Die Pyramiden liegen heute in Gizeh bei Kairo. Vor rd. 4500 Jahren gab es Gizeh und Kairo nicht. Die damalige Hauptstadt des „Alten Reichs" (offiziell 2640 - 2465 VOR Chr.) war Memphis (siehe oben) und damit 28 km von den Pyramiden entfernt. Memphis muss eine schöne grüne Stadt unter Palmen gewesen sein und hatte eine große Bedeutung als „Stadt des Herrschers" mit Tempeln Verwaltungsgebäuden usw. Dort befand sich der Sitz der Pharaonen dieser Zeit. Die Gebäude waren offenbar nicht aus Stein gebaut denn heute ist keines mehr vorhanden nur noch die auf dem Rücken liegende kolossale Statue von Rames II., die oder der mit dem "Alten Reich" nichts zu tun hat.

19

3. Die Pharaonen Dynastie

Die Pyramiden wurden im „Alten Reich" der 3. bis 6. Dynastie gebaut. Von der 1. und 2. Dynastie sind nur wenige Informationen überliefert. Jedenfalls war dieses „Alte Reich" eine aufstrebende Epoche in der erstmals Mastabas (Privatgräber) Felsengräber Königsstatuen erstes Kunsthandwerk (Schmuck Vasen usw.) private Bildnisse und Relievs und Pyramiden entstanden.

* Die Dynastien dieser Epoche

Die 3. Dynastie begann mit der Herrschaft des Königs Djoser (die Bezeichnung „Pharao" wurde erst später vermutlich im Mittleren Reich eingeführt). Er ließ bereits die ersten Pyramiden bauen (folgt unter Ziffer 4.). Er wird als bedeutendster Herrscher dieser 3. Dynastie angesehen. Seine Hauptstadt war Sakkara und dort ließ er die erste Stufenpyramide aus Steinen statt aus Lehmziegeln errichten.

»Dieser Gebrauch von Steinen in der Architektur anstelle der bisherigen Nillehmziegel war eine neue Stufe der Entwicklung in der Baukunst« sagt Sahin mit Überzeugung.

»Über die Details sollten wir noch reden« meine ich.

In dieser Zeit des „Alten Reichs" gab es nach Djoser folgende Könige der gleichen Dynastie:

* Snofru von etwa 2570 bis 2545 vor Christus
* Cheops von etwa 2545 bis 2520 vor Christus

* Sohn Djedefe
  (angefangene Pyramide in Abu Roash)
* Halbruder Chephren von etwa 2510 bis ca.
  2485 vor Christus
* Sohn Mykerinos bis ca. 2471 vor Christus.

* König Cheops und seine Familie

Cheops war derjenige König der die größte der drei Pyramiden bauen ließ. Von ihm gibt es nur eine kleine nur wenige Zentimeter große Statue die im Ägyptischen Museum ausgestellt ist.

Cheops hatte vierzehn Kinder mit drei bis vier Frauen und wurde etwa sechzig Jahre alt! Es wurde kein Palast und kein Grab gefunden.

Steckbrief: König CHEOPS	
Weitere Namen:	Chufu, Jufu, Khufu Suphis
Epoche:	Altes Reich
Dynastie:	2. König der 4. Dynastie
Regierungszeit:	ca. 2579 - 2556 v.Chr. ca. 23 Jahre (nach J. v.Beckerath) ca. 2620 - 2580 v.Chr. ca. 40 Jahre (nach Schneider)
Vater:	Snofru (nach Schneider)
Mutter:	Hetepheres
Geschwister:	Chephren (Halbbruder) Anchchaf (Halbbruder - nach Schneider) Henutsen (Halbschwester) (nach A. Siliotti) Hetepheres (Halbbruder - nach Schneider) Nefermaat (Halbbruder - nach Schneider) Nefretkau (Halbschwester - nach Schneider) Rehotep (Halbbruder - nach Schneider)
Gemahlin(nen):	Henutsen (nach A. Siliotti) Hetephernebti (nach W. Helck) Königin Meritites (nach Schneider)
Kinder:	Anchchaf (nach R. Stadelmann) Bafra (nach Schneider) Chafchufui (nach R. Stadelmann identisch mit Chephren) Chamerernebti I. (nach Schneider) Chafmin (nach Schneider) Chephren (nach Schneider) Djedefhor (nach Schneider) Djedefmin (nach Schneider) Djedefra (nach Schneider) Duenhor (nach Schneider) Hetepheres II. (nach Schneider) Kawab (nach Schneider) Meresanch II. (nach Schneider)

Quelle: www.eglyphica.de

»Dass es im Alten Reich erstmals Könige gab«, meine ich zu Sahin, »lässt im Rückschluss zu, dass inzwischen die anfangs genannten kleinen Dörfer zu großen Dorfgemeinschaften angewachsen sein müssen und sich als "ein Volk" verstanden«.

»Ja« sagt dieser »es muss wohl aufgrund der relativ günstigen Lebensbedingungen am Nil eine Bevölkerungsexplosion stattgefunden haben und die Menschen lernten von einander heute nennt man das "leaning by doing" erfanden neue einfache Arbeitsgeräte und auch diese anzuwenden. Für ihre eigene Unterkunft erfanden sie den schon genannten Nilziegel also ein aus Schlamm und Pflanzen in eine Schablone gepresstes und getrocknetes Material das sich sehr gut zum Bauen verwenden ließ.«

Und wenn es viele Menschen gibt, wird ein An-Führer gebraucht, ein König, der über dem Volk steht. Ja noch mehr:

Jeder Pharao-König muss sich selbst als einen Gott angesehen haben und zwar in Bezug auf den Glauben an Götter und auch in allen weltlichen Dingen. Sein Wort war Gesetz. Und sein Tod führte zu einem Machtwechsel, der allerdings in dieser Periode, anders als in späteren Zeiten, nicht extrem war, weil die Nachfolger in direkter Linie vom Königshaus der vorherigen Dynastie abstammten. Dies schließt interne Kämpfe um die Macht nicht aus.

Es gab also einen König als absoluten Herrscher, einen Diktator, der seinem Volk sagte, was es zu tun und zu lassen hatte. Das ist ja auch heute noch in vielen

Ländern der Welt nicht anders. Ein deutliches äußeres Wahrzeichen dieser Macht waren die Pyramiden.

4. Die Pyramiden

»Die Pyramiden hatten vermutlich den Zweck eines Grabes«, meint Architekt Sahin, »sie könnten aber auch als eine „heilige religiöse Stätte" verstanden worden sein, zum Beispiel als die „Wohnstätte für die Ewigkeit" oder auch mystisch als der sichtbare Übergang vom Mensch zur Sonne zum Himmel zu den Göttern«.

Drei der vier Pharaonen-Könige haben sich mit diesen Pyramiden in der Tat ein Denkmal für die Ewigkeit gesetzt:

- Cheops-Pyramide (= große Pyramide)
- Chephren-Pyramide (= mittlere Pyramide)
- Mykerinos-Pyramide (= kleine Pyramide)

Vier Pharaonen (Könige) drei Pyramiden

Um diese drei Pyramiden geht es in diesem Buch vorrangig aber um die große Cheops-Pyramide und

speziell um die Frage der Erstellung.

Zunächst aber sollen sie genauer vorgestellt werden:

Die Cheops-Pyramide

Sie ist die älteste und größte bzw. höchste Pyramide von Gizeh und wird somit zu Recht als die „Große Pyramide" bezeichnet.

»Diese Bezeichnung ist sicher richtig«, sagt der Architekt Sahin, »denn sie besteht aus geschätzten bzw. berechneten *rund drei Millionen Steinblöcken* welche jeweils ein Gewicht von 25 t und mehr aufweisen. Sie war mit Kalksteinplatten verkleidet und hat

- eine Höhe von 1466 m
  (heute 13875m weil die Spitze fehlt)
  im Vergleich: fast so hoch wie ein Hochhaus
  mit **50 Stockwerken** (!)

- eine Seitenlänge von 2387 m
  im Vergleich: wie **40 übliche Reihenhäuser** (!)

- einen Neigungswinkel von 51°50'
  also deutlich steiler als ein Satteldach und
  nicht begehbar

- eine Grundfläche von 53.000 Quadratmetern
  also von ca. 13 Fussballfeldern

- und ein Volumen von 2.583.283 m³.

»Diese Größe ist einzigartig!«, jubelt er, »niemand hat je wieder in dieser Größenordnung gebaut! Sie ist genau nach den vier Himmelsrichtungen ausgerichtet», sagt nun stolz der Architekt, »und sie steht exakt im geometrischen Winkel. Die Bauzeit wird (bei einer schier unmenschlichen Tagesleistung) auf etwa 20 - 25 Jahre geschätzt. Die Fertigstellung des Baus wurde auf das Jahr um 2580 v. Chr. festgelegt.«

Die Cheopspyramide in 2015

Um es nochmals deutlich zu machen:
Es geht um einen Koloss der 40 Reihenhäuser (nebeneinander) breit und in der Spitze 50 Stockwerke hoch ist! Und so steil dass er auf normale Weise nicht begehbar ist.

Die Chephren-Pyramide

Djedefe der Sohn des Cheops wollte - wie oft viele Söhne

- seinen Vater übertrumpfen und zwar mit dem Bau einer noch höheren Pyramide - und scheiterte kläglich. Als nächster kam Cheops Halbbruder Chephren zum Zuge. Warum dieser und nicht sein Sohn, ist nicht bekannt.

Die Chephren-Pyramide in 2015

»Die Chephren-Pyramide gilt als die zweithöchste unter den drei Pyramiden von Gizeh. Trotzdem erscheint sie bei genauerem Betrachten höher als die Cheops-Pyramide, was aber auf ihren steileren Neigungswinkel von 53°10' und dem etwas höher liegenden Untergrund zurückzuführen ist. Sie ist nur relativ wenig kleiner, denn sie hat eine

- Höhe von 1364 m Höhe
    das entspricht etwa **44 Stockwerken** eines
    Hochhauses

- eine Seitenlänge von 21525 m

das entspricht etwa **35 Reihenhäusern**

- einen Neigungswinkel von 53°10'
Sie ist also ebenfalls sehr steil und nicht begehbar

- ihr Volumen beträgt 2.211.096 m³.«

Sie wurde entsprechend ihres Namens wohl als Grabmal für Pharao-König Chephren erbaut. Soweit bekannt, wurde dieser damals auch hier bestattet.
Nach neuerer Erkenntnis ließ er vermutlich auch den riesigen Sphinx vor den Pyramiden errichten (siehe nachfolgend).

Die Mykerinos-Pyramide

»Sie ist die kleinste der drei Pyramiden von Gizeh, insgesamt gehört sie dennoch zu den TOP 10 der höchsten ägyptischen Pyramiden und sie wurde wohl auch als Grabmal und zwar für den Pharao-König Mykerinos (= Sohn von Pharao Chephren) errichtet welcher in der 4. Dynastie von etwa 2532 bis 2503 v. Chr. regierte.
Sie hat eine
- Höhe von 62 m (ursprünglich 65 m) das sind
   „nur" etwa **21 Stockwerke**
- eine Seitenlängen von 1022 m mal 1046 also
   wie etwa **17 Reihenhäuser**
   und
- einen Neigungswinkel von 51°50' das bedeutet, dass sie optisch genau so steil ist wie die zwei anderen«.

Die Mykerinos-Pyramide in 2015

Warum sie kleiner und damit bescheidener ist, dafür gibt es keine Unterlagen, nur Vermutungen, denn er war der letzte König dieser Dynastie und es kamen deutlich schlechtere Zeiten. Dürre-Zeiten wie man heute weiß.

Im Inneren sind übrigens alle drei Pyramiden im Detail verschieden.

Der Sphinx

Wir gehen weiter zur nahen Sphinx.
Vor den drei Pyramiden - vom Haupteingang aus gesehen - steht eine große Sphinx, über deren Sinn und

Zweck es auch keinerlei Unterlagen gibt. Man kann also ebenso nur Vermutungen anstellen und eine naheliegende ist, dass er als „beschützender Gott" erstellt wurde.

Es gibt allerdings auch Untersuchungen, wonach der Sphinx viel älter ist und schon vor den Pyramiden erstellt wurde.

Der Sphinx angeordnet vor den Pyramiden

»Nach neueren Erkenntnissen« meint Sahin «ließ ihn König Chephren errichten. Klar scheint zu sein, dass er aus einem Felsblock heraus geschlagen wurde. Vor kurzer Zeit hat man von dort unterirdische Gänge und Räume gefunden. Diese sind allerdings noch nicht oder nur wenig erforscht. Der Sphinx könnte deshalb auch aus einer ganz anderen Situation heraus erstellt worden sein«.

Warum wurden die Pyramiden gebaut?

»Was mich viel stärker interessiert«, meine ich, »ist die Antwort auf die Frage: Warum wurden Pyramiden gebaut und wie kamen die Pharonen – es soll bei dieser Bezeichnung bleiben – auf die Idee die Pyramiden im Dreieck zu gestalten?«

(Der uns bekannte Dreisatz des Pythagoras und damit die Form des Dreiecks wurde erst viel später nämlich um 570 vor Chr. mathematisch erfunden. Oder doch viel früher durch die Ägypter?)

»Die Ausgangssituation dürfte sein«, beginnt Sahin, »dass es bereits vor der 1. Dynastie eine ausgeprägte Totenkultur gegeben haben muss. Die Pyramiden spielten dabei eine besondere Rolle. Jedenfalls wurde der Tod als nichts Endgültiges, sondern als der „Übergang in die Finsternis" oder auch als Übergang zur Sonne und zum Himmel verstanden.

So wie die Sonne am Morgen wieder erscheint, kehren auch die Verstorbenen irgendwann wieder zurück, und für diesen langen Weg sollten sie mit Beigaben versorgt sein. Dies dürfte der Grundsatz des Glauben gewesen sein, was noch heute der Fall ist, aber noch nicht die Pyramiden erklärt. Auffallend ist die aufsteigende in den Himmel zeigende Form ähnlich wie ein Zeigefinger. Und wenn man als Mensch den Zeigefinger erhebt, dann meistens bei etwas das einem sehr wichtig ist. So könnten sie verstanden worden sein: Als weithin sichtbares Wahrzeichen für etwas sehr Wichtiges für eine neue Welt«.

Beeindruckender Sonnenuntergang am Nil
Knallroter Himmel weiß-gelbe Sonne dunkle Umgebung

Der Tod ist noch heute in Afrika allgegenwärtig, denn Menschen jeden Alters sterben an Blutvergiftungen, Drogen, Unfällen, Mord und Krankheiten jeden Tag jederzeit, jedenfalls mehr als anderswo. Der Tod ist Teil des Lebens, das war und ist noch immer der „Urglaube" der dortigen Menschen. Dieses Verständnis ist wichtig, wenn man sich mit den Pyramiden beschäftigt.

Wie es scheint waren die Ägypter ein geistig weit entwickeltes Volk. Die damaligen Menschen waren ebenso intelligent wie wir heute, denn jedes neu geborene Kind fängt immer bei "0" an, wie auch heute noch, nur: Es gab nicht viele Informationen, weil es keine Schrift gab, um sie an die Nachkommen weiterzugeben oder Neues zu erfahren.

Sie hatten noch kein Rad erfunden, aber bereits die Anfänge eine Schrift: die Hyroglyphen. Vom Bau der Pyramiden ist allerdings nichts Schriftliches gefunden worden. Erst die 1000 bis 2000 Jahre späteren Tempel in Luxor wurden dicht beschrieben.

In Bezug auf die Pyramiden und den Grund, warum sie gebaut wurden, muss man sich also auf ein Wahrzeichen ein "Wahrzeichen für etwas sehr wichtiges" konzentrieren.

Als könne er Gedanken lesen beginnt Sahin:

»Die Wissenschaft geht davon aus, dass die Sonne die seinerzeit wichtigste Erscheinung und somit „Gott" war: Sie geht am Morgen auf und am Abend zurück in die Finsternis. Dieser Ablauf war damals sicher unverständlich und unheimlich.

Würde die Sonne auch wirklich am nächsten Tag wiederkommen? Sie war (und ist) schließlich das Wichtigste für alles Leben auf Erden.

Für unerklärliche Phänomene wie die Sonne, der Tod, der Nil, das Wetter ecetera erklärten sich die Menschen mit Göttern. Und hierfür entstanden dann mit der Zeit über fünfhundert.

Menschen brauchen ab zwei Personen eine Führung und möglichst klare Regeln. Das war die Position des Pharao, also des Königs«.

Aus dessen Sicht war somit das Motiv klar: Ich bin der „Göttliche" oder „Gottgleiche" und als solcher der Beschützer des Volkes. Deshalb brauche ich ein Grab, das „meine Größe" für die Ewigkeit ausstrahlt. Die Umsetzung ist gelungen. Offenbar konnte er das Volk überzeugen, überreden oder zwingen, den ganzen Tag, tagelang und monatelang bei enormer Hitze für ihn an der Pyramide zu arbeiten. Vermutlich für wenig Lohn. Und sicher wird es bei dieser jeweiligen Großbaustelle auch Schwerverletzte und Tode gegeben haben. Unter diesen harten Bedingungen, welche zusätzlich zu den ohnehin schwierigen Lebensbedingungen herrschten (folgt), arbeiten Menschen generell nur unter zwei Bedingungen: Macht und Gewalt oder Religion und Glaube.

Es bedurfte also zumindest einer Religion und diese bestand aus dem Glauben an Götter. Vor allem die Sonne wurde verehrt, weil alles Leben von ihr abhängt und der Pharao-König war das Sinnbild der Sonne.

Als Beschützer des Volkes konnte (nur) er diese Schutzfunktion nach seinem Tod nur ausüben, so glaubte man, wenn ihm das Volk für das Totenreich rechtzeitig eine geeignete „Treppe" für den Aufstieg zur Sonne baute. Und damit sich dies kein anderer anmaßen und ebenso hinauf steigen konnte, wurde sie so steil gemacht, dass sie unbegehbar ist.

Die Pyramide dürfte also das Sinnbild und Wahrzeichen einer „wichtigen Treppe in den Himmel" gewesen sein. Durch das Bauwerk erhielt das Volk mystisch den Schutz des Königs und zwar auch noch nach dessen Tod. Dieser Schutz war für das Volk der Lohn für die Arbeit.

5. Erste Pyramiden

Die Giseh-Pyramiden sind nicht die ersten. Gut 100 Jahre vor den Giseh-Pyramiden hatte König Djoser auf der anderen Seite der Wüste die erste und „nur" rund 60 Meter hohe, so genannte „Stufen-Pyramide" errichten lassen. Sie befindet sich im damaligen Zentrum Saqqara (~ Sakkara).

Gut zu sehen ist das Mauerwerk. Das Grab war ursprünglich mit Kalkstein verkleidet. Kalkstein ist ein weißer Stein, somit dürfte die Pyramide bei Sonnenschein herrlich gestrahlt haben.

Die Stufenpyramide Quelle 1)

Diese Stufenpyramide ist das erste Bauwerk dieser Zeit, in dem nicht mehr der Lehmziegel, sondern Steine verwendet wurden. Es ist somit des erste steinerne Bauwerk! Der Anwendung des Steins wird einem Mann zugeschrieben, der offenbar auch der Bauleiter,

35

vorrangig aber ein Gelehrter war. Sein Name: Imhotep.

Baumeister Imhotep

Er war vielseitig gebildet als Arzt, Schriftsteller, und Verfasser einer Weisheitslehre. Die Verwendung von Stein in der Architektur ist auf ihn zurückzuführen. Die Art und Weise, wie er ihn einsetzte, verrät eine völlig neue Bau-Konzeption, nämlich die Verdrängung von Nilschlammsteinen zugunsten des Steins. Quelle 1)

Imhotep Gelehrter Arzt Bauleiter und "Erfinder" der Bauweise mit Steinen anstelle von Nilschlammziegeln Quelle 3)

Stufenpyramide und umgebende Wüste 2015
Reste einer die Pyramide umgebenden Steinmauer

Die Knickpyramide in Dashur

Pharao-Nachfolger Snofru ließ um 2550 vor Chr. in Dahshur sogleich drei Pyramiden für sich bauen. Es handelt sich um die Rote Schwarze und die Knick-Pyramide.

Die Knick-Pyramide 2015

Letztere wurde so benannt weil sie - wie ersichtlich ist - einen Knick aufweist und etwas misslungen aussieht. Man sieht noch immer deutlich, dass auf Steinen eine glatte Schicht aufgetragen wurde, vermutlich mit dem Zweck, im Sonnenlicht zu glänzen.

Und noch Jahrhunderte früher gab es kleinere Pyramiden aus Lehmsteinen im heutigen Sudan. Sie waren geschätzt etwa 6 bis 8 Meter hoch. Originale davon gibt es allerdings nur noch wenige, denn die Lehmziegeln trocknen aus und zerfallen nach einiger Zeit. Allerdings soll es im Sudan noch immer etwa 200 ähnliche Pyramiden geben. Und es gab auch in Ägypten kleinere Pyramiden aus Nilschlamm, welche später aber durch Steinbauten verdrängt wurden.

Ein Foto über erste Pyramiden im Sudan Quelle 2)

Die Wüste und die Steinstruktur

Alle drei Pyramiden in Gizeh stehen vom Nil aus gesehen hoch oben auf einem Kalksteinplateau. Dieses ist keine Ebene, sondern vielmehr eine große „wilde Sandsteinwüste" mit Tälern und Hügeln, die sich auf der linken und rechten Seite des Nils vom Nildelta mehr als 1000 km nach Süden bis Asuan entlang bis in den Sudan zieht.

Vom Nil, der heute relativ weit von den Pyramiden entfernt ist, geht es deshalb heute stetig und zum Teil auch steil bergauf zum Pharaonengelände.

Ähnliche Wüsten gibt es mehrere auf der Erde und sie sind fast immer durchzogen von Verwerfungen Schluchten und Tafelbergen.

Beispiel:

Wüstengegend hinter den Pyramiden 2015

Auffällig im Pharaonengelände ist, dass der Boden der

Wüste nicht nur aus Sand, sondern aus einem groben brüchigen Kalksandstein besteht.

Kalksandstein bestehend aus Sand und Kalk

6. Der Nil und das „Alte Reich"

Der Nil ist (mit dem Amazonas) der längste Fluss der Welt und heute bei den Pyramiden etwa 1 - 2 Kilometer breit. Der Nil bestimmte damals den Lebens- und Jahresrythmus.

Nil und Wüste 2015

Im August kamen Wassermassen aus den Bergen (Sudan, Äthiopien) in Ägypten an und überschwemmten die Landschaft links und rechts vom Nil durchgehend bis zum Delta im Mittelmeer. Dieser Regen wurde – und wird noch immer – vom Monsun und damit von den starken Niederschlägen im äthiopischen Hochland mit mehr als 4000 Meter hohen Bergen verursacht und zwar in der Zeit von Mai bis August. Die sich bewegende Flutwelle erreicht den Nil und dieser bei den Pyramiden ihren Höchststand von durchschnittlich zwei Metern über dem normalen Stand und zwar von Ende September bis Anfang Oktober und das jedes Jahr zur gleichen Zeit. Nur die Flutwelle selbst war unterschiedlich und geringe Mengen bedeuteten Dürre, Ernteausfälle, Hungersnöte.

Foto Nilflut Dörfer um 1830 Quelle 29)

Anders als die Menschen heute, die bei Überschwemmungen meistens in Panik geraten, dürften sich damals die Menschen rechtzeitig in ihre höher gelegenen aus Lehm gebauten Unterkünfte zurückgezogen und auf die Flut gewartet haben. Sie war erwünscht, weil vor allem die mitgeführten Sedimente (Ablagerungen) den Nilschlamm und damit die Basis für die landwirtschaftlichen Flächen bildeten. Der Schlamm setzte sich ab und befeuchtete somit den Boden. Danach erfolgte die Aussaat und bis zur Ernte dauerte es drei bis vier Monate. Dann war der Boden wieder trocken und damit kein Ackerbau möglich. Die Menschen erfanden aber damals schon ein Bewässerungssystem mit Kanälen, um die Fläche und die Anbauzeit zu verbessern.

Bei Assuan auf der Insel Elephantine gab und gibt es noch immer ein „Nilometer" zu besichtigen, an dem der Stand des Nils jeweils abzulesen ist. Überliefert ist dass es später im Neuen Reich zur Berechnung der überschwemmten Fläche und damit zur Ermittlung der Steuern an den Pharao diente.

Den Ägyptern im "Alten Reich", denen damals die klimatischen Zusammenhänge über die Nilschwemme natürlich noch nicht bekannt waren, gaben diesem Vorgang eine mythologische Bedeutung. Zuständig war die Gottheit Apophis, denn die Überschwemmung kam regelmäßig. Sie kündigte sich durch eine Grün-Färbung des Nilwassers (durch Algen) an und die Mitte Juli einsetzende eigentliche Flutwelle konnten die Ägypter durch eine rötliche Verfärbung des Flusswassers, für die Apophis zuständig war, erkennen.

Nach Erreichen des höchsten Wasserstandes zwischen Ende August und Anfang September sank der schwarze Nilschlamm auf den Feldern zu Boden. Ägypten heißt deshalb „schwarzes Land" aufgrund der Ablagerungen der Sedimente.

Zeiten mit geringerer Flut bedeutete weniger überschwemmtes und damit weniger fruchtbares Land mit dem Ergebnis von Ernteausfällen und Hungersnöte. Zu hohe Fluten wiederum verursachten Schäden an den Gebäuden (wie es im Grunde auch heute noch ist).

Der Anbau und die Zucht von Pflanzen für den Lebensunterhalt war ein großer evolutionärer Schritt, denn es handelte sich ja noch immer um das „Urvolk", welches im südlichen Afrika der Überlieferung nach hauptsächlich als Nomaden durch das Land zog und hauptsächlich Tierhaltung betrieb, wie das auch heute noch in vielen afrikanischen Ländern der Fall ist.

Nicht so bei den Ägyptern dieser Zeit. Sie gingen aufrecht mit nacktem Oberkörper trugen einen Lendenschurz und lebten größtenteils von den Erzeugnissen der Landwirtschaft. Sie waren schon Bauern. Tiere vor allem Esel, Kuh und Kamel wurden hauptsächlich als Nutztiere gehalten.

Bis zum Oktober bei rund 30 - 40 Grad im Schatten musste in der prallen Sonne und Hitze Landwirtschaft betrieben werden. Bei zurück gehender Flut wurden die Pflanzen gesetzt und nach etwa drei Monaten geerntet, um Lebensmittel für die Menschen und Tiere für die nächste Zeit, ja eigentlich für die restliche Jahreszeit zu haben. Das galt auch für den Pharao, für die Beamten und für die Priester.
Letztere entstanden aufgrund der starkangewachsenen Bevölkerung.
Dass in dieser Zeit auch an den Pyramiden gearbeitet wurde, also 365 Tage lang und auch an den heißesten Tagen des Jahres, halte ich für unwahrscheinlich. Dies entspricht auch nicht der Mentalität (folgt).

Männer beim Bauen Quelle 1)

Erst *nach der Erntezeit* hatten die Menschen möglicherweise Zeit, sich auch mit anderen Dingen, zum Beispiel den Bau von Häusern und Nutzgebäuden aus Nilschlammziegeln zu beschäftigen. Anders als andere Autoren gehe ich deshalb davon aus, dass das Volk an den Gräbern und Pyramiden *nicht ganzjährig,* sondern nur außerhalb der Nilflut und Erntezeit, also maximal *neun Monate* lang, von November bis Juli, gearbeitet hat, vielmehr arbeiten konnte. Die lebenswichtige Landwirtschaft hatte mit Sicherheit den Vorrang. Denn außerhalb des Niltales gibt es nur Wüste und somit nichts für den Lebensunterhalt.

Mit der Zeit dürften allerdings auch berufsmäßige Handwerker für die Steinmetzarbeiten und für künstlerische Arbeiten (Vasen Schmuck Figuren) entstanden sein.

Krug um 2570 v.Chr. Quelle 1)

Der „Stand der Technik" erweiterte sich also in dieser Zeit des Alten Reichs weiter, nämlich von der Landwirtschaft zusätzlich, je nach den Talenten und Begabungen, zu Handwerkern. Wir würden heute sagen, dass damals die Handwerkerschaft und damit *neue Berufe* entstanden sind, vermutlich auch schon ein Handel, denn die Einfuhr von Zedernholz ist überliefert. In jedem Fall sind dies weitere evolutionäre Schritte!

Die Menschen im antiken Ägypten betrieben also Ackerbau mit einfachen Werkzeugen, züchteten Haustiere und hatten somit, wie es von den Naturvölkern bekannt, ist eine sehr enge Beziehung nicht nur zur Natur, sondern speziell auch zum Wetter, zu Sonne, Mond und Sterne.

Das ist verständlich, denn wenn sie damals nach oben in den Himmel schauten, ohne Brille oder Fernglas, konnten ihnen die Vorgänge dort oben nur sagen, dass es Götter geben musste.

Das Leben am Nil vor 4500 Jahren

Um die damalige Zeit der Pyramiden zu verstehen, muss man sich sehr also weit in das antike Ägypten des „Alten Reichs" zurückversetzen. Beamen wir uns also nicht in die Zukunft, sondern in die Vergangenheit! Wenn man sich also nun in die Zeit vor 4500 Jahren zurück versetzt, könnte damals die Situation ähnlich gewesen sein wie sie auch heute noch im mittleren Afrika ist. Ich selbst war zum Beispiel in Gambia Namibia Tansania Kenia Sansibar insgesamt mehrere Monate und Reiseleiterin Christina Gottschall hat die Mentalität in ihrem Reisebuch „Sansibar" auf den Punkt gebracht:

„Als ich in Westafrika war, wurde ich ruhig.
Als ich in Ostafrika ankam merkte ich,
dass ich noch nicht ruhig genug war" Quelle 7)

Das heißt: In Ostafrika verläuft das Leben - im Vergleich zur restlichen Welt - unglaublich langsam, noch langsamer als im langsamen Westafrika, also aus Sicht der Westeuropäer fast in Zeitlupe. Die Menschen kennen keine Eile. Wenn etwas gemacht werden soll, antworten sie mit einem Wort, welches bedeutet: es kann morgen nächste Woche nächstes Jahr oder nie erledigt werden. Diese Gelassenheit ergibt sich meiner Meinung nach vom Wetter. Jeden Tag scheint die Sonne am blauen Himmel. Jeder Tag ist so wie der nächste Tag, seit Jahrtausenden. Warum also diese (europäischwestliche) Eile?

Nubisches Dorf heute Quelle 2)
Nachdem es heute keine Nilüberschwemmungen mehr gibt kann
nun bis an das Ufer gebaut werden.

Der Grund: Es gibt keinen Winter. Ab dem Herbst wächst in Europa nichts mehr und man muss Vorsorge treffen für die kalte Winterzeit, also schneller arbeiten. Nicht aber in Afrika. Das verhältnismäßig gleichmäßige heiße Wetter hat sich über die Jahrtausende in den Genen und Hormonen verfestigt, äußerlich zu sehen in der (unterschiedlich) braunen Haut und in der Gelassenheit. Bei einander zu sitzen, einen Tee zu trinken und alle Themen ausführlich und in aller Ruhe zu besprechen, gehört noch heute zur Gepflogenheit.

Jedoch mit hohem Tempo an 365 Tagen an den Pyramiden zu bauen, wie das manche westliche Wisschenschaftler meinen, um die errechnete Bauzeit der Pyramiden zu begründen, gehört keinesfalls zur Mentalität.

48

Im heutigen Ägypten, in den Stadtbereichen von Kairo Giseh oder Memphis sind noch immer das Eselgespann (zwei Räder darauf zwei Bretter und ein Esel davor) ein übliches Transportmittel. Entsprechend langsam geht es noch heute voran.

Das Leben vor 4500 Jahren war jedenfalls mindestens genau so langsam, einfach und überhaupt weitgehend „tempofrei" angelegt. Die Zeit spielte keine Rolle nur der täglich Rythmus der Sonne im Wechsel mit der Nacht. Hier westliche Tempo-Maßstäbe anlegen zu wollen, ist falsch. Als hätte Sahin meine Gedanken erraten, sagt er plötzlich:

»Für die richtige Einschätzung der ägyptischen Baukunst ist es erforderlich, sie im Rahmen ihrer historischen Entwicklung zu sehen, das heißt es gelten die religiösen, geographischen und sozialen Zusammenhänge dieser Zeit.«

Nicht übersehen darf man auch, dass die damaligen einfachen Werkzeuge kein hohes Tempo zuließen.

Einen Eindruck der Arbeitsweise dieser Zeit vermitteln die Arbeitsgeräte.

Typische Arbeitsgeräte und Arbeitsweise

Typische Arbeitsgeräte und vorherrschende Werkzeuge waren Schaufel Axt und Spaten. Diese Werkzeuge wurden auch noch 1000 Jahre später an den Tempelsäulen in Luxor abgebildet. Man kann jedoch davon ausgehen, dass sie auch schon früher im „Alten Reich" für die Bauern notwendig waren. Als Material hierfür bietet sich Holz an, nämlich importiertes Zedernholz und Bambus die im getrockneten Zustand relativ hart sind und nicht so schnell brechen.

Mittlere Reihe: Arbeitswerkzeuge

Spaten und Axt

Nicht zu sehen ist an diesen Abbildungen, aus welchem Material diese Arbeitsgeräte tatsächlich bestanden. Anzunehmen ist Holz. Auch Kupfer und Bronze dürften bekannt gewesen sein, nicht aber Eisen. Und der Einsatz von Tieren für Transporte war ein großer Fortschritt.

Arbeiter mit Tieren Quelle 1)

Männer bei der Arbeit mit Papyrus Quelle 1)

Pharao mit Werkzeugen Quelle 1)

Das Transportwesen dieser Zeit

Für den Pyramidenbau und Steintransport wichtig ist das generelle Transportwesen dieser Zeit. Die Menschen nutzten Tiere wie Esel, Kühe und Kamele für den

Transport.

Arbeit mit einem Esel Quelle 1)

In der Regel aber war alles Handarbeit. Da es kein Rad gab, sind Schienen (Kufen) aus Holz gut vorstellbar (siehe Bild). Ebenso konnte man schon Seile aus Palmenblätter, Hanfgras, Papyrus und auch schon Leder zur Bekleidung herstellen. Hanfgras und Schilf wurden zu einem Seil verdreht. Seile aus Hanfgras haben eine große Festigkeit.

Tiertransport um 2310 v.Chr. Quelle 1)

Fest steht gemäß der Wissenschaft dass man sich zum

Transport von Waren aller Art als Technik auch bereits die Hebelwirkung und die schiefe Ebene zunutze machte.

Im Nil gab es Fische: das Nilpferd und Krokodile. Deshalb gab es auch die Jagd mit einem Boot aus Bambus. Bestimmt wurde mit diesen Tieren auch Handel getrieben, also Tausch gegen andere Waren.

Nilpferdjagd mit Speer im Papyrusdickicht
nackt im Papyrusboot um 2340 v.Chr. Quelle 1)
Es gab neben Krokodilen auch die Nilgans, die Nilgras-
Ratte und den Nilwaran

Die Spezialisten

Aus dem Bereich der erwähnten Handwerker dürfte es auch einen kleinen Kreis von Spezialisten gegeben haben, welche berufsmäßig Steine oder Ton zu Vasen bearbeitet haben, herrlichen Schmuck und Kleidung herstellten und bereits vom Tausch oder Handel lebten.

Das wäre dann der dritte evolutionäre Schritt in dieser Dynastie.

Die Männer waren mit einem Lendenschurz bekleidet und ansonsten nackt. Frauen der Oberschicht (nur solche sind abgebildet) trugen meistens ein langes Kleid und oft auch Schmuck sowie Kopfbedeckungen.

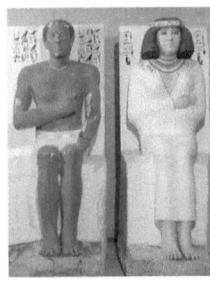

Quelle Äyptisches Museum
Namentlich bekanntes Paar aus der Oberschicht

Typische Bauweise mit Lehmsteinen

»Die typische Bauweise dieser Zeit vor 4500 Jahren in Ägypten war der Nilschlammziegel«, meint der Architekt. »Er wurde für den Bau aller Gebäude genutzt.«
Er wurde wie folgt hergestellt:
- Feuchten Lehm aus dem Nil mit Stroh vermengen
- in eine längliche Form aus Holz einfüllen
- in der Sonne trocknen lassen und
- damit Wände Stein für Stein aufschichten.

Es wurde ihnen sicher schnell klar, dass eine einfache Mauer in etwa einem Meter Höhe – je nach Untergrund - einfach umfällt und dass man nur mit einer doppelwandigen Mauer (zwei Mauern stützen sich gegenseitig) höher bis etwa auf zwei Meter bauen konnte und diese mit einer Dachkonstruktion verbinden musste, damit sie stehen blieb (heute „Statik" genannt). Das Dach dieser einfachen oft runden Häuser bestand aus Holz und zu Stroh gewordenen Palmen- und Papyrusblättern. Ebenso wurden Mauern für Abgrenzungen errichtet. Beispiel:

Gebäudereste aus Lehmstein Quelle 1)

Gut zu sehen ist die doppelte Wand aus Lehmsteinen. Der Lehmbau war zweifellos eine wichtige Errungenschaft für die Bildung von Dörfern und somit von großer sozialer Bedeutung für die Dorfgemeinschaft. Ein Lehmhaus schafft ferner ein angehmes und gesundes Raumklima für Sommer und Winter, weil der Lehm temperaturausgleichend wirkt. Im Sommer, wenn es draußen sehr heiß war, sind Räume in einem Lehmhaus angenehm kühl. In der kälteren Zeit wirkt er ebenfalls regulierend und schützt vor zu trockener

Raumluft.

Beispiel: Heutiges nubisches Dorf Nähe Assuan

Im Süden Ägyptens lebt das Volk der Nubier. Diese sind vor langer Zeit vom heutigen Sudan in den Norden weitergezogen. Ihre Häuser sind noch heute einfache Gebäude erstellt mit Steinen aus der Wüste und ergänzt um Ziegel aus dem Nillehm. Das Dach besteht aus Stroh und Holz. Dies ist die dort auch heute noch immer vorherrschende Bauweise, die gerne gezeigt wird (und auch beeindruckend schlicht ist).

Nubisches Dorf bei Assuan 2015

Kleine Menschen und vegetarische Ernährung

Die Menschen damals waren deutlich kleiner und schmächtiger als heute. Von den Gräbern der Römern (immerhin mehr als 2000 Jahre später) weiß man, dass die erwachsenen Menschen durchschnittlich (nur) zwischen 0,90 m bis 120 m groß waren. Das entspricht heute etwa einem zehnjährigen Kind. Ein Mann mit 140m war schon ein „Riese".

Im alten Ägypten – also noch weitere zweitausend Jahre zurück – dürften die Menschen durchschnittlich nur bis zu etwa *einem Meter groß* gewesen sein, zu sehen an der Größe der ausgegrabenen Sarkophagen. Ein neuzeitlicher Mensch passt dort nicht rein.

Kurze Lebenszeit

Die Menschen waren nicht nur deutlich kleiner (heute werden sie immer größer), sondern die Lebenserwartung lag durchschnittlich nur bei *dreißig* Jahren, das heißt also, wenn man eine Kindheit von 10 Jahren und eine Alterszeit von 5 Jahren abzieht, dass die produktive Zeit bei nur 15 Jahren lag! Deshalb dürfte wohl auch die Kinderarbeit als selbstverständlich angesehen worden sein.

An den Pyramiden dürften also mindestens zwei Generationen – im arbeitsfähigen Alter - gearbeitet haben.

Sie können auch nicht so gut wie die heutigen Ägypter ernährt gewesen sein, weil Menge und Vielfalt des Essens nicht gegeben waren. Auch die heutigen Ägypter ernähren sich weitgehend vegetarisch, denn Fleisch und Fisch sind teuer.

Kleine Menschen der Oberschicht Quelle 1)

* Fisch und Fleisch - kein Feuer, kein Regen

Neben vegetarischem Essen dürfte es damals im Alltag hauptsächlich wohl nur Fisch und Nilpferdfleisch gegeben haben.

Alles dürfte wohl roh gegessen worden sein, denn es gibt keinerlei Anzeichen dafür, dass die Menschen (schon) das Feuer gekannt und genutzt haben.

Zum Beispiel sind im 1000 Jahre späteren Tempel in Luxor viele Alltagsszenen abgebildet aber es gibt *kein einziges Zeichen für Feuer* und auch *nicht für Regen*. Beides sind jedoch wichtige Naturerscheinungen, die mit Sicherheit abgebildet worden wären.

Bei den Hieroglyphen findet sich jedenfalls kein Zeichen für Wasser oder Feuer, denn wenn es keinen Regen gab, gab es auch kein Gewitter und keine Blitze. Woher sollten die Menschen damals also vom Feuer gewusst haben?

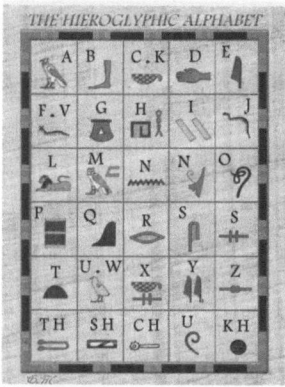

Viel späteres Hieroglyphen-Alphabet (N zickzack für Nil). Zur Zeit des Pyramidenbaus war es noch in den Anfängen.Wie mögen diese Hieroglyphen wohl damals ausgesprochen worden sein?

Somit liegt es nahe, dass im Alten Reich mangels Feuer nichts gekocht werden konnte. Es wuchsen neben Schilf und Papyrus auch nur Büsche, keine oder kaum Bäume, somit gab es auch kein brauchbares Holz. Vielleicht gab es gelegentlich kurzen Regen als Schauer, aber keine nennenswerte Menge.

(Bei einem Flug mit einem Ballon sieht man, dass die Häuser noch heute keine Dächer – im westlichen Sinn – haben.)

Evolutionäre Schritte

In dieser Zeit der 3. Dynastie des Alten Reichs von 2528 vor Chr. bis 2471 vor Chr. also rund 150 Jahre somit 5 Generationen von Pharao Cheops bis Pharao Mykerinos, in der die Pyramiden gebaut, wurden, sind somit folgende evolutionäre Schritte der Menschen überliefert:
- Aufrechter Gang (vermutlich schon vorher)
- Sesshaftwerdung durch Landwirtschaft

- Herstellung von Lehmsteinen zum Bau von
  Häusern und Gebäuden
- Die Hieroglyphen-Schrift entsteht
- Begründung einer Handwerkerschaft (Stein-
  metze) mit kreativen Varianten (Vasen Schmuck)
- Übergang der Bauweise von Lehmziegeln zu
  Steinbauten. Säulen gab es allerdings noch
  nicht
- Herstellung und Tragen von Kleidung
- Herstellung und Verwendung von einfachen
  Werkzeugen (Spaten Axt)
- Transport von Waren und Handel.

Und dann soll es plötzlich und unvermittelt in dieser
Zeit noch einmal einen und zwar einen extremen
evolutionären „Sprung in die Technik" zum Bau der
Pyramiden gegeben haben?
Ohne jede Hinterlassenschaften, denn in den
nachfolgenden Jahrtausenden des Mittleren und des
Neuen Reichs ist keine entsprechende Technik (folgt)
überliefert.

7. Die bauliche Ausgangssituation:
Die dreiteilige Struktur der Pyramiden

Mit der baulichen Seite haben sich schon viele
Buchautoren beschäftigt aber nun habe ich die
einmalige Gelegenheit einen fachkundigen Architekten
befragen zu können. Ich beginne unser Gespräch mit:

»Reden wir nun zum Hauptthema den Pyramiden.«

»Hat ja lange gedauert, aber die Vorkenntnisse über die damalige Zeit sind äußerst wichtig. Der Aufbau der Pyramiden ist inzwischen eindeutig.

Sie bestehen:

1 aus einem Kernmauerwerk, das ist der
   innere Kern der Pyramide,

2 einem Verkleidungsmauerwerk und

3 einer Fassade also aus Steinen die außen auf dem Mauerwerk angebracht wurden«.

Sahin zeigt mir folgendes Bild:

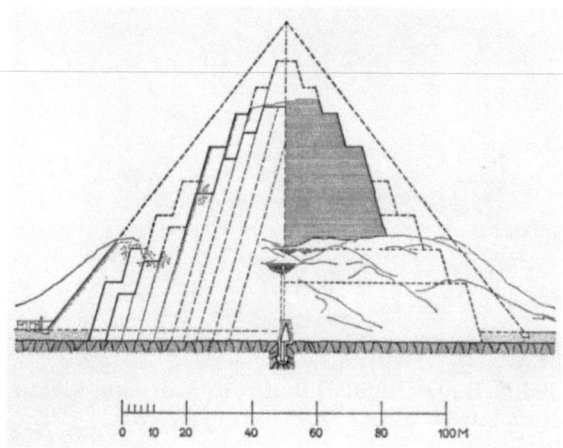

Struktur: Kern Mauerwerk und Fassade Quelle 4)

»Eine Frage: Würdest du mir, wenn ich Millardär wäre, heute eine Cheops-Pyramide bauen?«

»Ein solcher Planungsauftrag wäre fantastisch«, meint Sahin, »aber nein, ich müsste ihn leider ablehnen.«

Die Cheops-Pyramide heute gebaut

Wollte heute ein Milliardär eine Cheops-Pyramide haben

und den Neubau in Auftrag geben, würden selbst die größten Bauunternehmen erst einmal schlucken: 26 Millionen Steinblöcke mit einem Gewicht von 25 Tonnen pro Block. Aus den Steinbrüchen aus ganz Europa müssten die Steine herangeschafft werden.

Geschätzte 10 - 15 Jahre wären die beteiligten Unternehmen, unter Einsatz der modernsten Geräte, mit dem Bau beschäftigt.

Die frühere Burj-Khalifa-Baustelle in Dubai wäre nur eine kleine Baustelle im Verhältnis zur Pyramide Quelle: Holydaycheck

Aber schon vorher würde kein renommierter Architekt den Planungsauftrag übernehmen, weil er weiß:

Die bautechnischen, vor allem die *statischen* Probleme, die beim Bau entstehen würden, sind auch heute noch *unlösbar!*

Dies liegt vor allem an der gigantischen Größe (siehe Ziff. 3.) und den sich daraus ergebenden baulichen Schwierigkeiten.

»Die hauptsächlichen, auch heute noch unlösbaren Schwierigkeiten, sind das Fundament, also das Gewicht und die damit verbundene Statik, dass das Gebäude nicht auseinander bricht.«

8. Die baulichen Fakten

Das Kernmauerwerk der Cheops-Pyramide besteht aus berechneten 16 Millionen Steinen. Um diese Masse - also alleine die Masse - an Steinen aufzuschichten hätte, unabhängig nach welcher Bauhypothese
- 1145 Jahre lang an 360 Tagen (!)
- zehn Stunden am Tag (!)
- alle *sieben Minuten* (!)

eine Ladung an Steinen hochgezogen werden müssen um, das Pensum zu schaffen. Das hat ein Mathematikprofessor errechnet. Quelle 4)

Man sollte sich das praktisch vorstellen: Bei einer Hitze von 30 - 40 und mehr Grad im Schatten, das bedeutet 50 Grad und mehr in der Sonne (denn es gibt auf den Pyramiden keinen Schatten), und oben auf der Pyramide noch deutlich mehr Grade, ziehen Arbeiter fast 12 Jahre lang, *alle sieben Minuten,* einen Stein von zwei und mehr Tonnen eine - wie auch immer gebaute - Rampe hoch und zwar bis in eine Höhe des 50. Stocks eines Hochhauses. Glaubhaft? Wohl kaum.
Ein trainierter Sportler hat die Giseh-Piramide (ohne Stein) in 7 - 8 Minuten hinauf erklommen, das bedeutet: Alle damaligen (kleineren und schwächeren) Arbeiter

müssten mit den zweieinhalb Tonnen-Stein-Quadern die Rampe hinauf regelrecht *gerannt* sein, um die obige Bauzeit einhalten zu können.

Dazu hätten vorab diese Steine vom nahen Steinbruch oder von noch weiter her angeliefert werden müssen und bereit stehen.

Größenvergleich: Der Autor und ein auf dem Boden liegender Stein 2015

Die schon erwähnten Steinmetz-Arbeiter im Steinbruch haben vielleicht an den meisten Tagen des Jahres gearbeitet, aber das Volk die Bauern mussten sich jährlich, nach der Nilüberschwemmung, um die Landwirtschaft kümmern, um überleben zu können. Sie standen für den Pyramidenbau in dieser Zeit wohl kaum zur Verfügung.

Ein Steinbruch wurde gefunden, aber wie soll man sich die Arbeit dort vorstellen?

Steinbruch Quelle: Pixabay.com

Aus solchen oder ähnlichen Steinschichten Steinblöcke per Hand mit einfachen Werkzeugen herauszuschlagen ist zwar möglich, aber zeitaufwändig. Zunächst muss man von, oben beginnend, die Steinblöcke in kleinere Stücke spalten, in dem zunächst Schlitze in der gewünschen Spaltrichtung eingeschlagen werden. In diese Schlitze musste man dann extra angefertigte Keile aus Holz einschlagen und mit Wasser (vom Nil) befeuchten. Durch dieses Befeuchten des Holzes entsteht, weil feuchtes Holz aufquillt, sich also ausdehnt, ein hoher Quelldruck wodurch der Stein gespalten wird.

Steinbruch in der Abendsonne Quelle: Pixabay.com

Dann konnte der gespaltene Stein mittels Holzstangen aus dem Steineverbund herausgehebelt und mit dem Holzhammer in der passenden Größe abgeschlagen oder notfalls noch einmal gespalten oder in die passende rechteckige Form mit viel Geduld und Ausdauer zersägt werden. Pro Stein waren also mehrere Männer erforderlich und für das Aufquellen muss man etwa 40 Stunden pro Stein rechnen.

Der Stein musste nun noch zur Pyramide gebracht werden um dort für den „Transport nach oben" bereit zu stehen. Die errechnete Masse von Millionen an tonnenschweren Steinen dürfte deshalb damals *nicht machbar* gewesen sein.

9. Bisherige Bautheorien

Zum Bau der Pyramiden werden in fast allen einschlägigen Publikationen „Bautheorien" beschrieben. Wichtig ist: Es handelt sich um *Theorien* und um kein gesichertes Wissen!

Niemand war damals beim Bauen dabei und niemand hat je einen Nachbau vorgenommen.

Am populärsten für den Pyramidenbau sind folgende Theorien:

  1 Die direkte Rampe
  2 Die Wendelrampe
  3 Die Maschinentheorie
  4 Die Treppentheorie

Ich habe mich mit diesen Theorien ausführlich

beschäftigt und möchte diese kurz darstellen:

1 Die Rampen-Theorie

Diese bekannte, mehrfach über das Fernsehen verbreitete (Irr-) Theorie geht davon aus, dass die Ägypter eine oder auch vier direkte Rampen gebaut haben, die mit der Größe der Pyramide „mitwuchsen". Über diese Rampe sollen die Arbeiter die Steine auf die jeweils fertiggestellte Ebene der Pyramide gezogen haben.

Aus einer TV-Sendung mit irreführender Holzkiste

»Grünzeug auf Sand nützt nichts für einen Schlitten aus Holz mit einem tonnenschweren Stein«, sagt Sahin, »für mich ist das Bild eine Lachnummer, denn der Schlitten sinkt mit einem echten tonnenschweren Stein auf Sand völlig ein. Hier im Bild ist das eine leere Holzkiste, das geht im Film, aber gilt nicht für die damalige Wirklichkeit.«

Einen Schlitten zu ziehen klingt zunächst täuschend einfach, aber leider nur in der Theorie:
Geht man bei einer Rampe von einer Steigung von fünf Prozent aus was hier schon relativ steil ist, um noch

67

eine Länge von *drei Kilometern* zu haben, muss man erhebliche Zieh- und Schubkräfte haben, um das Gewicht vorwärts zu bringen.

Für eine so große, mehrere Kilometer lange Rampe war vor oder neben den drei großen ägyptischen Pyramiden kein Platz!

»Für so eine lange Rampe war bei den Pyramiden nicht nur kein Platz«, sagt Architekt Sahin, »sondern die *jährliche Nilflut* hätte sie jährlich weggeschwemmt. Die erforderliche Länge und die wichtige Nilflut hat dieser einflußreiche Theoretiker wohl einfach "übersehen".«

Die Pyramiden stehen für eine Rampe zu dicht beieinander. Und damals lag das Bodenlevel noch ca. 10 Meter niedriger als heute das bedeutet: Jede Rampe hätte noch viel steiler oder länger sein müssen.

Skizze:

Materialfluss

Material	Transport	Menge	Baustelle
Stein-produktion Giza	Schleppen		
Ziegel-herstellung	Schleppen		
Stein-produktion Tura	Schiff und Schleppen		
Stein-produktion Aswan	Schiff und Schleppen		

Abb. 7.5.15.1 Materialfluss nach de Haan.

Theorie zur Rampe Quelle 4)

Ein direktes Hochziehen der Steinblöcke auf die Pyramide (wie nachfolgend dargestellt) ist auch noch aus einem anderen Grund unmöglich, weil sich ab einer bestimmten Anzahl von Menschen das Ziehgewicht, also die Kraft des Ziehens, aufhebt. Ein Standard sind 20 Menschen. Weitere 80 oder 100 Männer (wie nachfolgend) bringen kein höheres Gewicht voran.

Das ist der Effekt den man vom Strickziehen-Spiel kennt. Somit ist die Anzahl der Ziehenden und auch Schiebenden auf relativ wenige Personen begrenzt.

Nur die Hälfte der nachfolgend Ziehenden (etwa 8 Reihen) können eine echte Umsetzung der Ziehkraft erreichen alle anderen sind überflüssig.

Abb. 8.2.1.3 Transport der Steine über eine drehbar angeordnete Umlenkwalze

Quelle 4)

Somit ist zu sehen, dass bei dieser Theorie
- das Gewicht
- die Zeit
- die Anzahl der ziehenden oder schiebenden

Personen und
- das Ergebnis

nicht zusammen passen. An dieser Rampen-Theorie ist somit so ziehmlich alles falsch:

Erstens: Die Stufen der Pyramiden sind im Neigungswinkel (siehe Ziff. 3.) zu steil zum Begehen.

Zweitens: Die Anzahl der ziehenden Personen hebt sich ab einer bestimmten Zahl auf. Mehr Personen haben keine höhere Zugkraft. Weniger Personen können das vorhandene Gewicht der Steine aber nicht transportieren.

Drittens: Oben auf der Pyramide ist in der Mitte ein „großes Loch" für die Grabkammer (folgt) die Mitte hätte also nicht betreten werden können.

Viertens: Das Seil hätte sehr sehr lang sein müssen also über die damaligen Verhältnisse hinaus.

»Wenn schon eine Rampe«, meldet sich nun Sahin, »müsste es mindestens vier direkte Rampen gegeben haben nämlich eine von jeder Seite, denn wenn die Arbeiter mit einem tonnenschweren Stein oben in der Pyramide ankämen, müssten sie den Stein drehen und einfügen, was mit nur einer Rampe unmöglich ist. Heute macht man das mit einem Kran«.

Schema: 4 Rampen, eine von jeder Seite
Es fehlt: In der Mitte ist ein großes Loch für die Grabkammer und
für den Zugang innen. Und oben auf der Spitze gibt es ein
Pyramidion (folgt).

Architekt Sahin hat dazu folgende Meinung:

»Bei der Rampen-Theorie treten weitere Probleme auf
und zwar in Bezug auf

- das Rampenmaterial
  dem Untergrund für die Rampen
- das Gewicht der Steine ab etwa 2 Tonnen pro Stein
- das Transportproblem also das Voranbringen
  der Steine
- die Anordnung auf der Pyramide und
- die Höhe der Pyramide von rd. 50 Stockwerken.

Techniker haben errechnet dass eine solche gigantische
Rampe ein Volumen von 20 Millionen Kubikmetern, fast
zehnmal mehr als die Pyramide selbst, erfordert hätte.

Das Rampenmaterial

Wenn man dennoch von einer Rampe ausgeht, ist die
nächste Frage: Welches Material wurde für die Rampe
verwendet?

Variante 1: Material Wüstensand

Naheliegend ist den Wüstensand aus der Umgebung, die

71

ja Wüste ist, zu nehmen.

Wer schon einmal auf eine Sanddüne hoch gestiegen ist, dürfte genug mit seinem eigenen Gewicht und der Hitze beschäftigt gewesen sein, denn bei jedem Schritt sinkt man tief in den Sand ein und rutscht wieder etwas zurück.

Der Architekt meint dazu:

»Der Wüstensand ist lose und verfestigt sich nicht. Angenommen, auf diesen losen Sand legt man nun einen Stein mit zwei Tonnen. Man kann zusehen, wie er im Wüstensand versinkt.

Wüstensand ist lose nicht tragfähig und nicht zum Bauen geeignet

Sand ist also ein ungeignetes Rampenmaterial. Auch wenn man Rollen und Schienen unterlegt. Es löst nicht das Problem des lockeren Sandes. Die Arbeiter kämen keinen Meter voran«.

Diejenigen die dieser Theorie anhängen, kann man nur auffordern, den Beweis anzutreten.

Eine Sanddüne besteht aus lockerem Sand

Variante 2: Rampenmaterial Kalkstein-Splitt

Splitt ist zwar dichter als Sand, aber er müsste
- erst hergestellt (1. Schritt) und
- dann aufgeschichtet (2. Schritt) und
- anschließend verdichtet werden (3.Schritt)

um das Gewicht der Steinblöcke tragen zu können.
Heute macht man dies mit schweren Maschinen (siehe
nachfolgendes Foto), die es aber damals nicht gab.

Dieses Splitt-Material müsste auch aufgrund der
ungeheuren Masse und Festigkeit noch heute in der
Nähe zu finden sein.

Mit Lasten tragbar machen, also verdichten, lässt sich
Erde, aber diese war und ist in Ägypten rar.

Erde trägt auch einen schweren Bagger

Und der Nil-Schlamm wurde für die Landwirtschaft gebraucht. Außerdem ist der Schlamm weich, müsste also erst getrocknet werden und stand für solche Massen, die man für eine Rampe gebraucht hätte, aufgrund der Landwirtschaft nicht zur Verfügung. Fraglich ist auch die Festigkeit für diesen Zweck.

Steinbruch Gewicht und Form der Steine

Wissenschaftler gehen beim genannten Kernmauerwerk der Cheops-Pyramide von einem durchschnittlichen Gewicht von 25 Tonnen pro Stein bei einem Volumen von 12 m³ aus. Das Spalten *eines* solchen Steinblocks im Steinbruch habe, wie erwähnt, nach Berechnungen 40 Stunden erfordert. Hinzu kommt noch eine Zeit für das Heraushebeln (mit welchem Arbeitsgerät?) aus der Steinschicht, wozu viele Arbeiter erforderlich gewesen wären.

Den Theorien nach wurden nämlich die Steine des Kernmauerwerks in einem nahen Steinbruch aus den Erdsteinen herausgebrochen und in dieser Weise bearbeitet.

Mögliches Aussehen eines Steinbruchs in der Abendsonne Quelle: Pixabay.com

Man kann es nicht oft genug sagen. Die damaligen Werkzeuge waren nur: Axt oder Hammer, Schaufel, Spaten, Seile und Schlitten aus (importierten) Holz für den Transport. Nur Werkzeuge aus Holz oder Kupfer gab es, aber Kupfer ist ein weiches Material. Ebenso auch Bronze.

Das Rad war jedoch noch nicht erfunden. Die eigentlichen und stärksten Lasten-Transportmittel dieser Zeit waren Tiere (keine Maschinen).

Für Werkzeuge aus Stahl gibt es keinerlei Hinweise. Vielleicht gab es Steinkugeln, also rund geschlagene Steine, die zu Transportzwecken genutzt werden konnten, gewissermaßen als Vorgänger des Rads.

Foto von 1838-deutlich zu sehen: Transport von Waren über den Nil mit Kamelen - besser zu sehen auf unserer Website.

Der Transport von Granitsteinen

In den Pyramiden sind auch Granitsteine anzutreffen und in der wissenschaftlichen Literatur geht man davon aus, dass diese aus der Gegend von Assuan mit Booten nach Giseh transportiert sein sollen. Heute wäre das kein größeres Problem, aber ich muss nochmals und immer wieder auf die Zeit vor 4500 Jahren verweisen.

Mit Booten aus Papyrus oder Holz gingen die Menschen seinerzeit auf Fischfang. Sie transportierten (importierten) mit solchen Booten neben landwirtschaftlichen Produkten sicher auch Holz und sie exportierten eigene Erzeugnisse.

Nackter Fischer auf dem Boot der damaligen Zeit aus Papyrus
Quelle 2)

Sind solche leichten Boote auch für den Transport von tonnenschweren Granitsteinen aus Steinbrüchen beim heutigen Assuan zu den Pyramiden geeignet gewesen? "Experten" meinen nämlich, dass solche tonnenschwere Steine und auch Granit in Assuan aus dem Erdreich gebrochen und von der Baustelle auf Booten (siehe obiges Foto) rund eintausend Kilometer stromabwärts zu den Pyramiden befördert wurden. Architekt Sahin schüttelt bei diesen Worten den Kopf.

»Ich halte dies generell für *nicht möglich* und zwar aus folgenden Gründen:

Der Transport von tonnenschweren Steinen vom Steinbruch zum Nil und das *Aufladen auf ein Boot nur mit menschlicher Kraft ist nicht möglich.* Hätte man es doch geschafft wären, die Boote vom Gewicht untergegangen«.

Die für solche Transporte zu geringe menschliche Kraft ist ein Beleg, dass der Transport von Granitsteinen mit diesen Booten und in diesen Massen in dieser Länge von rund eintausend Kilometer damals *unmöglich* gewesen ist.

Im Nil schwammen außerdem gefährliche Krokodile und Nilpferde. Untiefen Sandbänke und Wasserfälle waren ebenso vorhanden. Es wären also viele Boote verunglückt, aber ich glaube nicht, dass sich die damaligen Menschen ein solches Risiko zugetraut hätten. Einschlägige Dramen sind jedenfalls nicht überliefert.

Vertreter dieser Theorie sollten ihre unbewiesenen

Behauptungen mit Tests verifizieren oder zurück nehmen.

Krokodile gibt es noch (2015) jedoch keine Nilpferde

Die Anordnung der Steine oben auf der Pyramide

Wenn man trotz allem von einer Rampe ausgeht, dann hätte diese während der Bauzeit in ihrer Höhe dem Baufortschritt angepasst werden müssen.

Angenommen geschätzte 20 Arbeiter kamen mit einem 25 Tonnen schweren Stein tatsächlich oben in der Pyramidenspitze an - und jetzt?

Wie kann man den Stein an die richtige Stelle oder in die richtige Position bringen?

Angeblich mit Steinkugeln, die in dieser Zeit bereits bekannt waren. Aber dazu muss man den Steinblock anheben, um die Steinkugeln darunter zu bringen. Auch hier stellt sich sofort die Frage: Anheben? Oben auf der Pyramide?

Die Pyramidenspitze selbst besteht aus einem tonnenschweren Pyramidion.

Die Chephren-Pyramide von oben mit Pyramidion Quelle 2)

Dieses müsste ebenso transportiert und es soll „von oben" - vom Himmel - aufgesetzt worden sein? Mit welchen Werkzeugen und wo standen dabei die Menschen?

Kurzum: Das Pyramidion „aufzusetzen" war seinerzeit *unmöglich* und auch heute noch könnte kein Hubschrauber das Pyramidion aufgrund des Gewichts in der Luft transportieren.

2 Theorie: Die Wendelrampe

Noch absurder ist eine andere populäre Theorie, die von einer äußeren Rampe ausgeht die ähnlich einer Wendeltreppe um die Pyramide herum gebaut wurde.

Zum Mitdenken: Man baut ein viereckiges nach oben

schlank bzw. spitz werdendes Bauwerk aus Kalkstein mit einer Seitenlänge von 238,7 m (Länge etwa 40 Reihenhäusern) und außen herum wird eine Rampe mit einer Breite von, sagen wir, mindestens 6 Meter (für zwei Transportwege 1 x hinauf und 1 x herunter) aus Kalkstein oder Sand aufgefüllt, um darauf die genannten tonnenschweren Steine hochzuziehen.

Und das Ganze wird gebaut auf eine Höhe von rund 150 Meter und danach wird die Rampe wieder entfernt.

Man merkt schon:
Der Erfinder war ein Theoretiker! Die Theorie kann in der Praxis nicht funktionieren, weil *zusätzlich* zur obigen Rampentheorie noch folgende Probleme hinzu kommen:
* Die zu bauende Pyramide wäre von der umgebenden Rampe vollkommen zugedeckt.

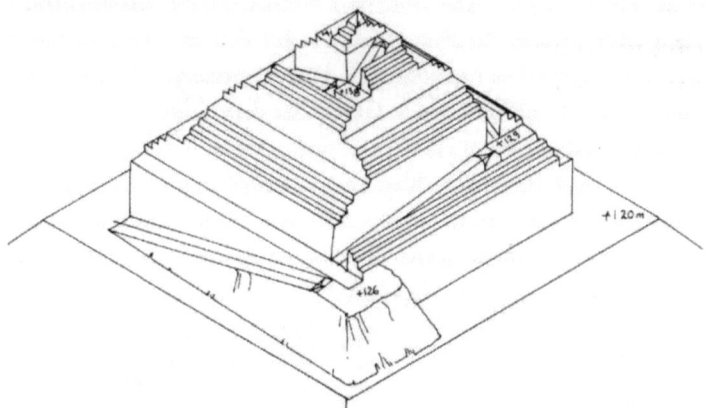

Die Wendelrampe Zeichnung nach dieser Theorie Quelle 4)

Sie wäre während des Bauens nicht zu sehen. Wie sollte

sie dann ohne heutige technische Hilfsmittel genau im Winkel und gleichmäßig nach oben spitz zulaufend gebaut werden können, wenn man sie nicht sieht?

* Die Rampe wäre schon nach einigen Umrundungen der Pyramide mehrere Kilometer lang. Ein Ingenieur*) hat berechnet, dass das Abräumen aufgrund der Masse länger gedauert hätte als der Bau selbst. *) Quelle 4)

* Somit müsste es dann in der Nähe noch immer gigantische Abraumhalden geben.

* Der Bau hätte Unmengen an Holz oder an anderem Baumaterial verschlungen, welches ja auch von „irgendwoher" hätte angeliefert werden müssen.

Weitere Rampentheorien

Zusätzlich gibt es noch folgende:
* Senkrecht auf die Pyramide zulaufende Rampen Vorschläge von Stadelmann Lauer Borchardt Lattermann Höhn.
* Seitliche Rampen Vorschläge von Goyon Lehner Klemm Graefe Hampikian Hölscher Petrie Houdin Willburger.
* Bauhypothesen über den Einsatz von Hebe- und Zugeräten Vorschläge von Isler Croon Löhner Santos Riedl Abitz Munt Dorka Pitlik Bormann Parry Keyssner Winkler Unterberger de Haan Hodges Quelle 4).

Der Kommentar vom Architekten:
    »Alles Experten aber nicht vom Bau.«

3 Die Maschinen-Theorie

Eine andere Theorie besagt, dass die Ägypter ihre Pyramiden mit Hilfe von Maschinen gebaut haben sollen. Schon der griechische Historiker Herodot schrieb nämlich im 5. Jahrhundert vor Chr. von „Maschinen" (vermutlich eine missverständliche Übersetzung). In der modernen Forschung wurde diese Möglichkeit jedoch schon abgelehnt, da bei den Ausgrabungen im Umkreis der Pyramiden zwar Werkstätten und Arbeitslager gefunden wurden, jedoch keine Indizien für Maschinen mit deren Hilfe das Heben und Ziehen solcher Lasten möglich gewesen wäre.

„Richtige Maschinen" gabt es erstmals bei den Griechen und Römern. Im antiken Ägypten soll es also auch schon Maschinen im Sinne der Hebelwirkung gegeben haben wie es sie 2000 Jahre später bei den Griechen und Römern gab?

„Typische Maschinen" noch heute am Nil Quelle 2)

Wenn ja dann stellt sich die Frage: Aus welchem Material? Anders gesagt: Um einen Stein mit ca. 25 Tonnen so hoch zu heben, braucht man

a) ein sehr hartes Material wie z.B. Stahl das, dieses Gewicht trägt, als Konstruktion und
b) ein ebenso starkes Seil sowie
c) ein entsprechendes Gegengewicht
um es in die Höhe der Pyramidenspitze von bis zu 150 m (!) zu bringen.

Ich denke das wäre auf diese Weise auch heute nur mit einem sehr großen Aufwand an dicken Stahlträgern möglich, mächtiger als bei den heutigen Großbauten.

»Die "Maschinenidee" ist völlig abwegig«, meint Architekt Sahin.

4 Die Treppen-Theorie

Das Institut für Ägyptologie an der Universität Münster lehnt Rampen als Erklärung ab: Die großen Pyramiden wie die des Cheops hätten - so ihre eigene Theorie - genau wie kleinere Pyramiden ursprünglich eine Struktur in Stufen gehabt. In diese Stufen sollen kleinere Treppen gemauert und über diese die Blöcke nach oben gehoben worden sein. Die Frage stellt sich auch hier: Mit welchem Material und mit welchen Werkzeugen?

Pyramiden in der Form von Treppen sind grundsätzlich nicht abwegig, denn solche gibt es viele.

Maya-Pyramide in Mexiko – mit „tragbaren"
Steinen „begehbar" gebaut.

Pyramiden in der Form von Treppen sind grundsätzlich nicht abwegig, denn solche gibt es viele. Die Treppenform ist überhaupt DIE Bauweise für viele Pyramiden außerhalb von Ägypten, zum Beispiel die Maya-Pyramiden in Mexiko (siehe Foto), die ich auch besichtigt habe oder für Tempel, wie zum Beispiel im Iran, aber das sind andere Länder und vor allem andere *Zeiten*, nämlich einige Tausend Jahre später - und die Tempel sind deutlich niedriger!

Diese Theorie ist somit nicht für die Giseh-Pyramiden anwendbar. Jedenfalls gibt es keinerlei Hinweise auf eine mögliche Treppenbauweise, denn die Pyramiden sehen zwar wie Treppen aus, sind aber für eine Begehung viel zu steil (siehe Ziffer 2.).

Problem Steintransport

Das generelle Problem bei den Pyramiden sind die Steine und deren Transport.
Ein schönes "Steinportfolio":

Foto aus Persepolis (Iran)

Für die damals deutlich kleineren Männer (wie ausgeführt) dürften solche zentnerschweren Steine (in Zentner nicht in Tonnen) gemäß obigem Foto am äußersten Limit des Transports gelegen haben.
Die Treppenbauweise war damals durchführbar mit Steinen bis zu einem Gewicht, das „vier starke Männer" in eine Höhe bis zu 20 Meter tragen können. So dürfte dies zum Beispiel bei den Maya-Pyramiden gewesen sein. Dies ist überhaupt das Merkmal der Bauweise von Pyramiden und Tempeln der antiken Zeit.
Manche glauben auch, dass in Ägypten der Steintransport mit einer Holztrage durchgeführt wurde.

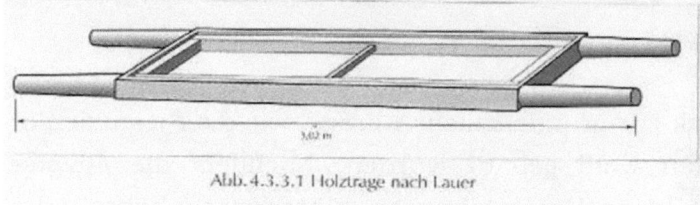

Abb. 4.3.3.1 Holztrage nach Lauer

Transportwerkzeug Holztrage Quelle 4)

Auch dies erscheint mir unwahrscheinlich, denn wie sollte man mit einer solchen relativ leicht gebauten Trage mit einem schweren Stein eine Pyramide hochsteigen, wenn Rampe und Treppe ausscheiden?

Weitere Stufenpyramiden

Pyramiden mit Treppen oder Stufen gibt es in Ägypten noch folgende weitere:

- Die Rote Pyramide
  Die Pyramide des
- Djedefre
- Chephren
- Bicheris
- Mykerinos
- Userkaf
- Sahure
- Neferirkare
- Schepseskare

- Neferfre
- Niuserre
- Menkauhor
- Djedkare Asosi
- Unas
- Lepsius
- Ibi
- Chui
- Amenemhet's I und II
- Sesostris' I II III

und noch viele weitere kleinere Pyramiden. (Quelle 4)

Übrigens: In der 3. – 6. Dynastie, also über rund 470 Jahre, wurde mit 25 großen Pyramiden zu bauen begonnen!

Keine Rampen keine Treppen

Zurück zur grundsätzlichen Frage, wie die Pyramiden in Ägypten wohl gebaut wurden. Nachdem die Ägypter selbst keine Beschreibungen hinterlassen haben oder diese inzwischen verloren gegangen sind, folgt als erster ein gewisser Herr Herodot aus Griechenland der im 5. Jh. vor Christus also nach mehr als 2000 Jahren Ägypten besuchte und Informationen von Priestern erhielt über die er berichtete. Für den Pyramidenbau schreibt er von Holzgerüsten auf denen die Steine von Stufe zu Stufe hochgehoben wurden und dann:
„So wurde zuerst die Spitze fertiggestellt dann abwärts bis schließlich zu den untersten Stufen herab." (Quelle 4)

Dies erscheint mir richtig! Widerspricht sich aber im Fall eines Neubaus, denn man kann nicht zuerst die Spitze (das Dach) „in die Luft" bauen und danach die Wände errichten. Er hat aber meines Erachtens völlig richtig berichtet (Begründung folgt)!

Der ultimative Beweis
gegen Rampen oder Treppen

Den ultimativen Beweis, dass *keine* dieser genannten Rampen- oder Treppenhypothesen je funktionieren konnten, weil die Gegebenheiten ganz anders waren zeigt das nachfolgende *Foto* von 1838:
Die *jährliche Nilüberschwemmung*, die es seit dem Nasser-Stausee, also seit 1976 nicht mehr gibt, überschwemmte vorher jahrtausendelang die gesamte

Fläche auf der heute u.a. die Häuser von Gizeh (über 4 Millionen Einwohner) stehen.

Deutlich zu sehen: Die Nilüberschwemmung reicht bis fast an die Pyramiden heran
(besser zu sehen in Farbe auf unserer Homepage)

Das Nilwasser reichte in dieser Zeit der Überschwemmung offenbar *bis fast an die Pyramiden heran.* Hätte man also mit Rampen gebaut, wären diese von den jährlichen Massen an Wasser des Nils wieder weggeschwemmt worden! Also gibt es auch keine Bauzeit von 20 Jahren für zigtausende von Arbeitern.

Das ist das Ende der Sackgasse aus der alle früheren Theoretiker nicht mehr heraus kommen.

Zurück zum Pyramidenbau und dem Innern der Pyramide. Eine weitere Schwierigkeit ist nämlich die Grabkammer.

10. Das Innere der Pyramide: Bau der Grabkammer

Alle bisherigen Wissenschaftler und sicher auch Besucher sind stark beeindruckt vom Aussehen des Innern der Pyramide. Diese hat folgende Struktur:

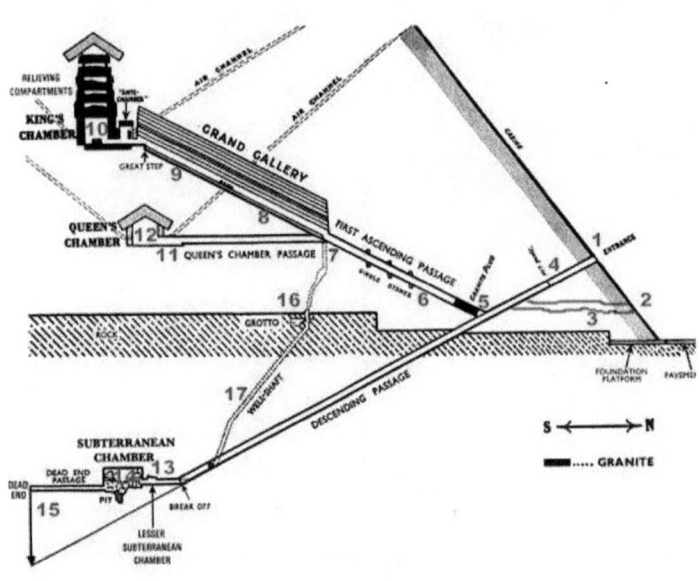

Skizze der inneren Struktur Quelle 5)
Hauptweg: Vom Eingang 1 erst nach unten ab Nr. 5 nach oben durch die „Grand Gallery" bis zur Königskammer 10 oder ab Ziffer 5 nach unten.

Die Zugänge die Größe der Gallerie der schlichte Raum in dem ein Sarkophag aus Granit steht bis hin zur Verriegelung des Zugangs mit schweren Granitplatten sind beeindruckend.

Oder eine einfachere Zeichnung:

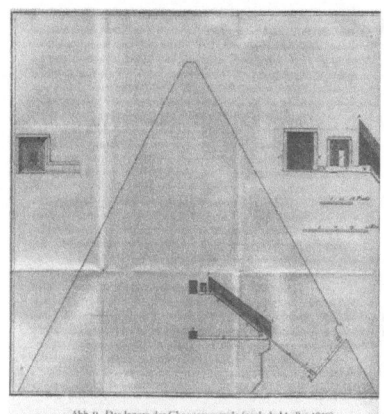

Abb. 9. Das Innere der Cheopspyramide (nach de Maillet 1740)   Quelle 5)

Von früheren Autoren habe ich keine wirklichen Hinweise gefunden, auf welche Art und Weise dieses Innenleben der Pyramiden vermutlich gebaut worden sein soll. Mir sind bei meiner Besichtigung in 2015 allerdings einige ungewöhnliche Punkte aufgefallen:

- Die Gänge sind mit Sicherheit nachträglich glatt und für die Massen an Menschen „touristentauglich" gemacht worden.

Schöne glatte Wände stolperfreier Fußboden 2015

- In der großen Galerie sind – vermutlich aus Sicherheitsgründen - neuere Verstrebungen aus Eisen angebracht, die ein Abstürzen der Wandplatten vermeiden sollen.

- In der Grabkammer des Pharao ist die ursprünglich rauhe Wand glatt gemacht und mit einem *modernen Reibeputz überzogen(!)*.

Architekt Sahin lächelt bei diesem Thema und meint:

»Das merkt kein Laie. Die Arbeiten sind in bester Qualität durchgeführt, aber einem Baufachmann entgeht das nicht. Die Fugen sind gleichzeitig nachgezogen worden, so dass die Wand nun aussieht, als bestünde sie aus vielen großen (quadratischen) Steinen.

Gallery Blick nach oben 2015

Das ist allerdings reine Optik, fast schon ein „Kulissenbau". Diese Art der Beschichtung gibt es erst

92

in neuester Zeit. Auf antike Art und Weise verputzte Grabkammern sieht man in Luxor im Tal der Könige und diese sehen ganz anders aus.

Der Sarkophag in der Grabkammer

An der hinteren Wand der (dunklen) Grabkammer steht ein tonnenschwerer Sarkophag. Eines ist mir sofort aufgefallen, als ich davor stand: Nach diesem irren Aufwand mit der Pyramide soll dieser hässliche Trog aus Granit das Grab des Pharao gewesen sein?

Sarkophag in der Cheops-Pyramide Quelle: Ägypt. Museum

Außerdem:
Der Granit ist an den Innen- und Außenwänden *perfekt glatt geschliffen*. Mit welchen Werkzeugen soll es *damals* möglich gewesen sein, Granit, also einen der härtesten Steine auf Erden (im Westen Europas in den Altstädten als Pflasterstein bekannt) per Hand außen und an vier Innenwänden glatt zu schleifen?
Die Innenwände des Sarkophag sind perfekt ausgearbeitet, allerdings ist der obere Rand ringsum abgeschlagen bzw. beschädigt. Der Raum ist leer und -

93

wie schon erwähnt – mit heutigem Putz „glatt und modern verputzt".

Man sollte bedenken:
Granit ist seit den Römern als strapazierfähiger harter Bodenbelag bekannt. Dieser Granittrog in der Cheops-Pyramide kann deshalb unmöglich seinerzeit vor rund 4500 Jahren mit den damaligen weichen Arbeitsgeräten aus Holz, maximal aus Kupfer, in dieser Weise bearbeitet und an diesen Ort geliefert worden sein.

Wenn der Sarkophag ein Grab des Pharao Cheops gewesen sein sollte, stellen sich folgende Fragen:
* Wie konnte der Sarkophag und die Mumie mit
  den Priestern in diese Höhe transportiert werden?
* Wie konnten in dieser Höhe die üblichen Todes-
  Zeremonien durchgeführt werden?
* Es soll einen seitlichen geheimen Eingang
  gegeben haben, aber dieser löst nicht das
  Problem der Höhe.
* Außerdem passt der Sarkophag meiner Ansicht nach überhaupt nicht zu einem Herrscher der sich als „gottähnlich" ansah. Der Trog wirkt wie ein *Fremdkörper* und ist es auch.
* Wie kam er überhaupt an diese Stelle?

Alle Grabkammern der Pyramiden wurden ohnehin geplündert und - ich bin mir sicher - alle Grabkammern wurden in den vergangenen 4500 Jahren „nachbearbeitet". So wie man sie heute sieht *ist nicht der Original-Zustand.* Es waren schon viele am Werk (siehe nächste Ziffer), auch am Trog.

Ich vermute dass in viel späterer Zeit als die Araber oder noch später die Franzosen oder die Engländer Ägypten besetzten, der Trog im Auftrag eines „verrückten Unbekannten" mit starken Seilen und technischem Gerät dieser Zeit (Seilwinden Stahlseile etc.) hochgezogen wurde. Als er dann oben ankam, schob man ihn auf Rollen an die derzeitige Stelle und der unbekannte Auftraggeber verlor das Interesse. Oder er ließ sich tatsächlich dort beerdigen und wurde ebenso gestohlen wie alles andere. Auch Touristen haben den Trog schwer beschädigt (folgt).

So steht er nun beschädigt in der leeren Kammer zur Besichtigung für Touristen gegen Bezahlung einer Eintrittsgebühr.

11. Eingriffe, Zerstörungen, Touristen

Zwischen dem Zustand von heute und dem Originalzustand von damals bestehen sicher große Unterschiede. In der langen Geschichte Ägyptens haben sich viele Leute sehr „aktiv" mit den Pyramiden beschäftigt. In den weltweiten Museen vor allem in Deutschland, England, Frankreich und USA sind viele Schätze zu besichtigen. Alle diese Originale wurden an Ort und Stelle in Ägypten „entnommen" und in ferne Länder verschleppt.

Es liegt der Verdacht nahe, dass sich leider auch (zu) viele baulich mit der Pyramide beschäftigten. Dadurch wurde der originale Zustand erheblich verändert.

Professor Erhard Oeser hat sich die Mühe gemacht, das früher über die Pyramiden Geschriebene in einem Buch zu veröffentlichen Quelle 5).

Und in der Tat es waren schon die Griechen, die Römer, die Araber, die Franzosen und die Engländer aktiv am Werk und dies sind „nur" die letzten 2000 Jahre.

In aller Kürze:

1 Die Arabische Zeit

Es muss lange einen geöffneten Eingang gegeben haben. Dann war er wieder zu und ein benannter Kalife ist eingebrochen und fand *„eine marmorene Mulde die mit einem Deckel verschlossen war. Als man diesen herunter genommen hatte, fand er darin nur morsche Knochen".*

Da die Pyramide offen war, entstand offenbar ein Pyramiden-Tourismus, denn viele Menschen waren begeistert und nicht davon abzuhalten, die Pyramide aufzusuchen und durch den schlüpfrigen Gang darin hinab zu steigen - manche blieben dabei in Ordnung, andere starben. Quelle 5)

Ein anderer benannter Araber und angeblicher Augenzeuge berichtet über die Pyramide als Massengrab, in dem mehrere Leichen, liegen die mit einer großen Zahl von Leichentüchern bedeckt waren. Keiner hatte weißes Haar und die Körper waren kräftig gebaut (das heißt, sie waren nicht alt, als sie starben).

Abb. 9: Die Araber in der großen Galerie
(nach Luigi Mayer 1805)

Araber in der großen Galery Quelle 5)

2 Die Franzosen

Im Jahre 1395 n.Chr. berichtete ein benannter Franzose, dass er Zeuge von Steinbrucharbeiten an der Großen Pyramide wurde. Auf Nachfrage sagte man ihm, „dass seit 1000 Jahren aus solchen Steinen fast alle schönen Bauten in Kairo errichtet wurden".

Man geht heute davon aus, dass die fehlenden Steine an den Pyramiden zum Bau von Häusern in Kairo verwendet wurden.

Ein anderer Franzose berichtete um 1500 von einer Truhe in der Königskammer aus schwarzem Marmor, aus einem Stück und ohne Deckel und Inhalt. Und am Ende der großen Halle fanden sie einen Brunnenschacht, der voll mit Steinen gefüllt war und sie stellten fest, dass man daraus einmal Wasser geschöpft habe.

Um 1580 n.Chr. wagten zwei andere Franzosen den Aufstieg zum Gipfel der Pyramide und sie stiegen - mit einer Fackel in der Hand - durch eine viereckige Öffnung in das Innere der Pyramide.

Auch sie stießen auf einen Brunnen, der allerdings nicht mit Schutt und Geröll verstopft war. Sie warfen mehrere Steine hinein, die „erst in einer halben Viertelstunde widerhallten, woraus sie schlossen, dass er sehr tief sein musste". Sie fanden auch eine Truhe ohne Deckel und Inhalt vor und vom Trog brachen sie ein Stück aus Neugier ab.

3 Franzose de Maillet und Napoleon

Der vielgereiste französische Diplomat Benoit de Maillet besuchte um 1680 n.Chr. die Pyramiden und stellte fest, dass die Pyramide verkleidet, ihre Fassade fertiggestellt und in der Folge mit Gewalt geöffnet worden war.

Und er erstellte einen Plan von der Pyramide. Im Innern waren in den Gängen tiefe Löcher geschlagen worden und es war alles dunkel und vom Rauch der Talglichter und Kerzen geschwärzt. Insgesamt stellt er viele Beschädigungen fest.

„Großer Verkehr" auf der Pyramide Quelle 10)

Ab 1798 begann Napoleon den Krieg mit Ägypten und gründete in Kairo ein „Institut für Wissenschaft und Künste", das sich vor allem mit der Erforschung der Pyramiden beschäftigen sollte, was auch geschah.

Ingenieur Jomard bezweifelte, ob die Pyramide als Begräbnisort bestimmt war, denn es ist nicht bewiesen, ob „überhaupt jemals irgendein König dort bestattet ist". Quelle 5)

Napoleon und die Pyramiden Quelle 5)

4 Die britische Kolonisierung

Nach den Franzosen kamen die Briten, die zunächst einen italienischen Kapitän unterstützten, der ebenfalls in die Pyramide eindrang.

„Mit der Fackel entdeckte man an der Decke rauchgeschwärzte rohe lateinische Schriftzeichen, die kaum lesbar waren, aber bewiesen, dass dieser Raum zur Zeit der Römer offen war".

Er grub einen weiteren Gang und kam aber nicht vorwärts.

Einem britischen Offizier gelang es schließlich durch *Sprengung mit Schießpulver* einen Gang nach oben herzustellen.

Das geschah noch öfter, dass man sich mittels Sprengung mit Schießpulver den Weg bis zu den

Entlastungskammern über der Königskammer frei machte.

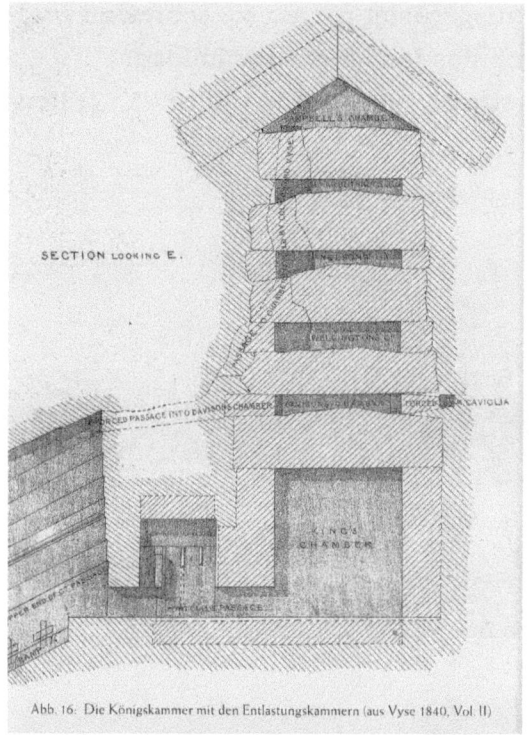

Abb. 16: Die Königskammer mit den Entlastungskammern (aus Vyse 1840, Vol. II)

Von brittischen Soldaten freigesprengte Kammerstruktur, Quelle 5

Um 1849 n.Chr. brach in Großbritannien eine „Ägyptomanie" aus. Man schoss unbekümmert mit Pistolen und Musketen in den Kammern und engen Gängen umher, um Fledermäuse zu verjagen und um auf das vielfältige Echo zu hören. Auf der Suche nach neuen verborgenen Räumen wurden gewaltige Sprengungen durchführt und sogar vom Sarkophag in der Königskammer wurden Stücke als Andenken mitgenommen.

Um 1860 n.Chr. muss es dann schon einen regelrechten Strom an Touristen durch die Pyramiden gegeben haben. Mit Kerzen ausgerüstet gingen sie schreiend und „Hurra" rufend durch das Innere der Pyramiden.

Den Tourismusstrom zeigen diese ersten Fotoaufnahmen:

Ägyptomanie: Touristen um 1800 Quelle 10)

Japanische u.a. Touristen

Magie der Pyramiden

Japanische Touristen

Zeichnung aus 1823

Der Sphinx um 1800

Auffällig ist, dass die Landschaft jedesmal erheblich anders aussieht. Dies ist besonders auf den ersten *Fotos* um Mitte 1800 deutlich wahrzunehmen.

Auf den unter Foto gut zu sehen und auch denkbar ist, dass die jährliche *Nilüberschwemmung* öfter auch bis zum Hals der Sphinx reichte, so dass das ganze Gelände darunter jährlich unter Wasser stand.

Wasserschäden am Hals der Sphinx

Gizeh-Foto um 1800 Quelle 10)

Fazit bis hierher:

Es war natürlich anzunehmen, dass die Pyramiden in den folgenden Jahrtausenden oft die Aufmerksamkeit auf sich zogen, aber die vorgenommenen *Grabungen und Sprengungen* waren schon sehr heftige Veränderungen. Es fällt auch ein Brunnen auf, der einmal mit Wasser und dann wieder mit Steinen und Geröll gefüllt war. Auch der Trog in der Grabkammer wurde ohne und dann wieder mit Beschädigungen aufgefunden.

Der Zugang zum Inneren wurde immer wieder auf- und zugemacht, dann wieder aufgebrochen. Und es wurde offiziell nichts gefunden außer „ein paar morsche Knochen".
Später sollen auch noch „viele Leichen" in der Pyramide gelegen haben, aber Schätze hat niemand gefunden. Wenn es welche gegeben hat, dann haben diese Schätze schon Grabräuber vor den Griechen und Römern - also vor mehr als 2000 Jahren – gestohlen.

Auch die Verwendung von Steinen aus den Pyramiden zum Bau von Häusern in Kairo sind eine starke, unwiederbringliche Beschädigung eines antiken Kunstwerks.

Die bisherigen Bauhypothesen
lassen sich wie folgt zusammenfassen:

31 Wissenschaftler (plus unbekannte) seit der Zeit ab 1800 n.Chr. haben sich mit dem Bau der Pyramiden

ausführlich beschäftigt. Die Theorien stammen von Personen mit unterschiedlichen Ausbildungen und Berufen, die allerdings eines gemeinsam haben: Sie gehen von einem Neubau aus und sie haben aber kaum bau- oder immobilienspezifisches Fachwissen schon gar nicht für Großprojekte. Und sie gehen von einem technischen Fortschritt aus, den die damaligen Urvölker seinerzeit evolutionsmäßig nicht vollbracht haben können.

Es gibt nicht den geringsten Anhaltspunkt dafür, dass es (ausgerechnet) in dieser Zeit und nur hier in diesem kleinen Landstrich um Memphis herum einen solchen Schub an Erfindungen Technik Knowhow usw. gegeben haben soll, um in relativ kurzer Zeit solche gigantische Pyramiden erstmals zu errichten.

Und ebenso plötzlich verschwindet das ganze Wissen und Können wieder im Wüstensand, ohne nachvollziehbare Spuren zu hinterlassen? Das ist äußerst unwahrscheinlich.

Die genannten Wissenschaftler haben weiterhin folgendes gemeinsam: Sie konnten keine brauchbare *lebensnahe* Lösung bieten! Die früheren Menschen haben immer lebensnahe Projekte geschaffen.

Frage also: Können sich so viele Wissenschaftler irren? Ja! Schon der Römer Seneca meinte: „Dort wo alle hingehen muss nicht der richtige Weg sein".

»Stimmt!« meldet sich Sahin. »Die genannten Personen haben alle eines gemeinsam: Sie sind auf ihrem Gebiet kompetent und haben vieles über die damalige Zeit heraus gefunden, aber *wenn es um das Bauen geht, sollte man Baufachleute* fragen«.

Die Bauweise der Pyramiden ist der Schwerpunkt dieses Buches. Es dürfte deutlich geworden sein, dass es bisher keine befriedigenden Antworten darüber gab, wie sie errichtet wurden. Mein Eindruck ist: Man konnte es sich einfach nicht erklären, wie die Pyramiden geschaffen wurden. Und deshalb hat man versucht, die im Grunde unhaltbaren Theorien „irgendwie" theoretisch zurecht zu legen oder sie mit „Mysterien und Wunder" zu verbinden.

Die genannten Theorien erinnern mich im Grundsatz an einen Vorgang, den ich gut aus dem Bereich von Immobilien kenne: Ein Bauträger wirbt zum Beispiel damit, dass das Projekt XY eine „Rendite von x%" ergibt. Alle Beteiligten (der Vertrieb, die Bank usw.) rechnen nun mit den verschiedensten Formeln die vorgegebene Rendite schön anstatt zu sagen, dass diese Rendite nicht möglich ist.

Und so ähnlich ist es auch beim Thema Pyramidenbau. Meiner Meinung nach sind diese genannten Theorien nämlich ein völlig falscher Ansatz.
Dazu meint Architekt Sahin:

»Eine solche Pyramide in dieser Größe heute also im Jahr 2023 zu bauen ist, wie ich schon sagte, noch immer nicht möglich. Das liegt an den pysikalischen Gegebenheiten unserer Erde. Wir werden darüber noch sprechen.«

Wenn man Pyramiden neu erstellen, also von *unten nach oben* neu bauen will, dann sollte man sich vorher mit den *Prinzipien des Bauens* beschäftigen. Dies soll nun erfolgen.

12. Prinzipien des Bauens

Man muss beim Bauen generell einige Prinzipien einhalten, die überall auf der Welt gelten und auch vor 4500 Jahren galten. Diese Prinzipien sind umso wichtiger, je größer das Bauprojekt ist. Es handelt sich um folgende:

1 Der Veranlasser (Bauherr)

Die Figur von Cheops ganz klein Quelle Ägypt. Museum

Wer bauen will, wird Bauherr genannt. Das war nach der Überlieferung wohl Cheops, der Pharao-König. Über ihn ist nicht viel mehr bekant als im Steckbrief (S.21) steht. Er war der 2. König in der *4. Dynastie* Regierungszeit um etwa 2579 bis 2556 vor Christus.

Er (im Grunde aber sein Volk) trug die Kosten des Projekts. Dies dürfte auch damals schon so gewesen sein. Ob und in welcher Form die Beteiligten für ihre Arbeit eine Vergütungen erhielten, ist nicht überliefert. Münzen - also Geld - wurde nicht gefunden somit dürfte die Bezahlung, sofern es eine gab, aus Naturalien bestanden haben. Einige meinen aber auch, dass Cheops ein Diktator ein Tyrann war, der sein Volk zu den Bauarbeiten gezwungen hat. Vermutlich war es schon damals ein Mix aus Macht, Religion, Lob und Bestrafung.

2 Der Architekt - Baumeister

Jedes größere Projekt braucht es einen Architekten, auch Baumeister genannt.

»Für die Cheops Pyramide ist ein Baumeister überliefert«, meint Sahin, »und zwar Wesir Hemiun (höchster Beamter im Rang Zweiter nach dem König) überliefert. Dieser Vertrauensposten wurde nur an Prinzen vergeben. Seine Aufgaben waren alle praktischen Führungsaufgaben. Hemiun ist somit der Neffe des Pharao und mein eigentlicher „Star" der Pyramide«.

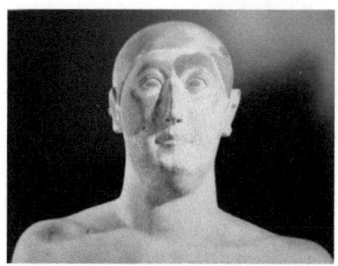

Hemiun das „Pyramiden-Genie" Quelle 1)

Bis hierher ist noch nichts Auffälliges zu bemerken, aber jetzt kommen entscheidende Punkte.

3 Das Fundament

Jedes neu zu bauende Gebäude braucht ein Fundament. Es wird als eine stabile gerade Fläche gebaut, die Unebenheiten im Gelände ausgleicht und das Gewicht trägt, damit das Gebäude nicht auseinander bricht. Es muss also sehr stabil sein.

Heute baut man hierfür tiefe Fundamente. Je größer das Gebäude um so tiefer und dicker muss aus statischen Gründen das Fundament sein, um die Tonnen an Gewicht eines Gebäudes tragen zu können.

Beispiel: Ein kleines Fundament in Deutschland

»Die Pyramiden aber haben *kein Fundament!*«
sagt der Architekt, »und bevor man Wände bauen kann,

braucht man als Grundbedingung eine stabile gerade Fläche, und die gibt es nicht».

Das hatten schon frühere Theoretiker erkannt und für eine solche *gerade Fläche* zum Erstellen der ersten Steinreihe der Pyramide wurde zum Beispiel das Auffüllen dieser Steinreihe mit Wasser genannt. Eine „super Idee" bei einem grobkörnigen Kalksandstein, der sofort das Wasser aufsaugt.

Außerdem müsste aufgrund der großen Hitze in kurzer Zeit sehr viel Wasser - ähnlich eines Flusses - in die Steinreihen gepumpt werden. Es hätte also auch großer Pumpen bedurft, denn das Pharaonengelände liegt, wie schon erwähnt, deutlich höher über dem Nil.

Und dann hätte man dieses viele Wasser so lenken müssen, dass sich eine ebene Fläche ergibt und gleichzeitig das Wasser irgendwie wieder verschwindet. Es gibt keinen Hinweis, wie das damals hätte funktionieren können.

Gibt es kein Fundament, aber es könnte auch ein Felsen diese Funktion übernehmen wie zum Beispiel bei den Maya-Pyramiden in Mexiko. Aber die drei Pyramiden in Ägypten stehen auf keinem Felsen, es gibt dort keine, die ein solches Gewicht tragen könnten.

4 Statische Funktionen - das Wichtigste

»Die Statik ist eines meiner Lieblingsthemen«, sagt Sahin, der Architekt und ist plötzlich hell wach.

Soll ein mehr als einen Meter hohes Gebäude neu von der Erde aus nach oben gebaut werden, muss es zunächst, wie erwähnt, ein Fundament geben. Darauf werden die statisch tragenden Bauteile (Wände Pfeiler Säulen) errichtet und mit Querverstrebungen verbunden.

»Wenn also die Pyramiden damals von unten nach oben neu errichtet worden wären, dann wären sie ein Gebäude! Und ein *Gebäude braucht eine Statik,* um nicht um- oder einzustürzen. Auch die Höhe ist dabei ein entscheidendes Kriterium.

In jedem Fall müssen bei Gebäuden bestimmte Wände statische Funktionen übernehmen. Deshalb müssten diese jeweils entsprechend massiv gebaut und miteinander verbunden sein«.

Und weiter:

»Bei einem so großen Gebäude wie die Pyramide, müssten diese Wände oder Pfeiler *meterdick* sein! Noch dicker als etwa die Säulen der Tempel in Luxor. Sie müssten auch sehr eng stehen, zum Beispiel jede wenige Meter eine Säule, ähnlich wie in Stonehenge in England. Sie wären nicht zu übersehen«.

Stonehenge in England

oder so:

Idee einer Statikmauer

»Etwa 100 davon hätte es in der Cheops-Pyramide geben müssen«, meint Sahin, »in der Mitte bis über 130 Meter hoch, so stabil, dass sie nicht selbst umstürzen können und somit auch die Pyramide nicht zum Einsturz bringen würden. In der Pyramide ist aber nichts von einer Statik zu erkennen, es gibt keine Struktur, die diese wichtige statische Funktion übernimmt, denn diese Statik müsste noch immer unverändert vorhanden sein. Säulen gab es auch erst später, nämlich ab der 5. Dynastie«.

Das ist beeindruckend:
Ein 50 Stockwerke hohes und 40 Stadthäuser breites, damals neu gebautes Bauwerk ohne gebautes Fundament, auch ohne Felsen und ohne statische Bauteile? Das ist – noch heute – ein Ding der *Unmöglichkeit.*

Das Gewicht wird bei der Cheops-Pyramide auf

Millionen Tonnen geschätzt und es gibt keine Pfeiler keine Träger! Das sollte doch stutzig machen: Wie kann eine so riesige Steinmasse ohne Statik überhaupt stehen bleiben und die Jahrtausenden ohne Risse überstehen?

Kurz gesagt: Der "Cheops-Koloss" ohne jede Statik?

5 Ein Bauplan

Architekt Sahin meint:

»Für jeden größeren Neubau braucht man einen Bauplan, also eine Zeichnung mit einer Beschreibung, weil viele technische Grundsätze vor allem über die Statik und weitere bauliche Vorgaben einzuhalten sind. Diese werden immer aufgeschrieben und alle am Bau Beteiligten können sie einsehen, um Fehler gering zu halten. Dieser Plan wird üblicherweise von einem Architekten oder von einem Baumeister erstellt.

In Ägypten gibt es aus dieser Zeit keine Wandzeichnungen und Schriften (Hieroglyphen), beide waren erst am Anfang der Entwicklung. Erst 1000 Jahre später zeigen Hieroglyphen an den Wänden der Tempel Vorgänge und Dinge, die den damals Lebenden wichtig erschienen und um sie der Nachwelt zu erhalten. Es wurden bislang jedoch keine Zeichnungen oder Schriften vom Pyramidenbau gefunden, obwohl sich der Bau jeder Pyramide über geschätzte 20 Jahre hingezogen hat. Jeder Baumeister hätte dafür gesorgt, dass der Bau in Zeichnungen und Schriften dauerhaft festgehalten wird damit nach seinem eventuellen zwischenzeitlichen Tod, auch ohne ihn, zu Ende gebaut werden kann, weil die damalige durchschnittliche Lebenszeit bei nur rund 30 Jahren lag. Für die aktive Lebenszeit gehen Kindheit und Alterszeit ab. Aber es gibt *keinen Bauplan* und keine Notizen«.

Vielleicht waren sie nicht in Stein, sondern in Papyrus aufgeschrieben und das Papyrus hat sich zersetzt. Oder es wurde vernichtet, denn Alexander der Große hat fast das ganze gesammelte Wissen der Ägypter im 4. Jahrhundert vor Christus zerstört. Und zur Zeit Caesars verbrannten nach den Überlieferungen die restlichen Bücher mit dem „Wissen der Alten" in der Bibliothek von Alexandria.

Wie dem auch sei: Es bleibt festzuhalten, dass es keinerlei Bauberichte von den insgesamt sechs Pyramiden dieser Zeit gibt.

»Vielleicht waren sie auch nicht nötig, weil das Bauwerk für die damaligen Ägypter ohnehin verständlich war?« meint der Architekt.

6 Die praktische Organisation

Eine so große Pyramiden-Baustelle braucht natürlich eine gute Organisation. Angeblich sollen nach den genannten Theorien zwischen 20.000 und 30.000 Menschen (die Annahmen schwanken stark) ständig an der jeweiligen Pyramide gearbeitet haben. Für die praktische Durchführung wären somit erforderlich gewesen:

- Ein großes Lager für Schaufeln Äxte Seile usw.
- Mehrere Großküchen mit Töpfen Pfannen Gefäßen
- Mehrere Tonnen an Lebensmitteln täglich
- Mehrere Hektoliter an Trinkwasser täglich
- Große Toilettenanlagen
- Große Hallen als Schlafstätten und zur Erholung
- Ein großes Hospital zur Versorgung der Verletzten usw.

Ein relativ kleines Arbeiterlager und Gräber der Arbeiter hat man geortet. Auch einen Friedhof. Vor allem aber scheint mir der Massentransport aller dieser obigen Notwendigkeiten in eine abseits gelegene Wüste als eine seinerzeit unglaubliche und bei diesen klimatischen Bedingungen für diese Massen an Arbeitern wohl kaum machbare Aufgabe. Schon diese, heute Baustelleneinrichtung genannt, hätte viele Jahre gebraucht.

Für den Betrieb hätte es täglich unglaublich vieler Boote und Kufenfahrzeuge mit Eseln sowie Transporte mit Kamelen jeweils durch die Wüste bedurft, um diese Massen an Essen und Getränken herbeizuschaffen. Und die vielen Menschen auf der Baustelle? So viele zigtausend arbeitsfähige Männer und Frauen an 365 Tagen dürfte es zu dieser Zeit noch nicht gegeben haben! Es musste sich also um eine weniger kräftezehrende Bauweise gehandelt haben.

Fazit:

* Die wichtigsten Voraussetzungen, die bei einem *Neubau* grundsätzlich erforderlich sind, fehlen.

* Ohne Pläne kann man ein solches großes Projekt als Neubau nicht erstellen, weil der Bau sehr lange, also über mindestens zwei Generationen hinweg dauert. Die nächste Generation muss wissen, wie der Bau weitergehen soll.

* Unterhalb der Pyramiden gibt es kein Funda-ment keine Felsenstruktur für die Stabilität die bei einem Neubau unverzichtbar ist.

* Ohne ein Statiknetzwerk mit Mauern Trägern Stützen usw. bricht ein solches Großprojekt sofort oder in kürzester Zeit unweigerlich zusammen.

Ergebnis:
* Die Pyramiden können *nicht* von unten nach oben wie ein Neubau errichtet worden sein, denn es fehlt an allem dazu Erforderlichem. *Jede Theorie dieser Art ist blanker Unsinn.*
* Die Pyramiden sind *kein Neubau,* deshalb auch *kein Gebäude.* Keine Immobilie.

Frage also: Was dann?

13. Die Natur baut mit

Viele Formen und Konstruktionen auf der Welt hat kein Mensch, sondern die Natur „gebaut". Viele Fotos von Formationen gibt es weltweit. Es baut nicht nur der Mensch, auch die Natur baute in der Evolution ihre eigenen Wunder.

Steinformation in Namibia

Rechteckige (Basalt-) Steine eines Berges in Island von der Natur „gebaut"

Wesentlich: Tafelberge

Die Natur besteht nicht nur aus Ebenen, Bergen, Seen, sondern es gibt auch viele spezielle Berge, so genannte *Tafelberge*, zum Beispiele:

Markante Tafelberge in einer Wüste

Aus einer relativ gerader Fläche ragt ein *einzeln hochstehender Berg* hervor. Dies nennt man einen Tafelberg.

Markante Tafelberge

Tafelberge Monument Valley USA

Tafelberge sind vor Jahrmillionen durch die Evolution entstanden. Die bekanntesten sind sicher die „drei Säulen" in den USA, der Tafelberg in Kapstadt/Südafrika, der Ayers-Rock in Australien und viele andere.

Von Gizeh den Nil entlang, also über rund 1000 Kilometer bis hinein in die Gegend in der heute der Nasser-See liegt, gibt es *einige Hundert von Tafelbergen* in unterschiedlichen Formen und Größen. Beispiel:

Tafelberg, natürlicher Berg

»Wir haben den Nil entlang etwa Hunderte von nicht beachteten Tafelbergen«, meint Sahin, »unbeachtet, weil sie eben ein Teil der Natur sind. Somit ist es sehr wahrscheinlich, dass auch die Pyramiden VORHER *natürliche Tafelberge* gewesen sein dürften«.

Das Gelände hinter den Pyramiden bestätigt dies:

Gelände hinter den Pyramiden 2015
Die Struktur eines Tafelberges ist eindeutig.
Deshalb sind die Pyramiden auch so groß.

14. Die Pyramidengeschichte

Der Tafelberg ist auch die Antwort auf die Frage: Warum steht ein so dominantes Bauwerk wie die Pyramide (ausgerechnet) dort an diesem Platz in einer einsamen Wüste, weit entfernt von der Hauptstadt und vom Volk?

1 Die Lage

Oder anders gefragt: Warum baut sich ein „gottgleicher" Pharao sein Grabmal nicht bei seinem Volk in Memphis, sondern 28 Kilometer entfernt und somit an einen damals sechs Stunden Fußmarsch entfernten Platz in der Wüste also in ein Niemandsland?

König bzw. Pharao zu sein hatte auch damals schon viel mit „Macht" zu tun, man musste selbst ein

„Machtmensch" sein, der über alle bestimmen wollte. Und dass ein Machtmensch, der nach damaligen Glauben aus der Finsternis wieder auf die Erde zurück und dann abseits im Niemandsland ankommt; ein solcher Gedanke dürfte schon damals für einen Pharao sicher undenkbar gewesen sein, es sei denn, es gab dafür einen äußerst wichtigen Grund. Und diesen gab es durch die riesige Dimension und durch die Strahlkraft aufgrund der Sonne (folgt).

Somit ist für mich klar:
Die Lage war nicht geplant. An diesem Platz der Pyramide standen damals drei weit in das Land sichtbare, *riesige Tafelberge*. Und deshalb stehen auch die Pyramiden an diesem Platz. Somit hat sich diese Lage so ergeben. Und es gab für eine große Pyramide keine Alternativen.

Drei Tafelberge wurden zu drei Pyramiden

2 Die Argumente

Folgen Sie mir nun bitte bei folgenden Gedanken:

Angenommen dort wo die Pyramiden stehen, stand jeweils ein großer Tafelberg, dann
- war es nicht erforderlich ein Fundament zu bauen
- war es nicht erforderlich Tonnen an Steinen hochzutragen
- hat die Pyramide auch heute kaum Risse weil es sich um natürliches Steinmaterial handelt

- braucht es keine aufwändige Neubauplanung denn das Objekt stand ja bereits da
- hat man nichts über den Pyramidenbau aufgeschrieben, denn der Bau selbst war seinerzeit für das Volk „nichts Besonderes" nur Arbeit und zwar über zwei und mehr Generationen hinweg.

Das ist eine *lebensnahe* und für das Urvolk mit den damaligen Werkzeugen *machbare* Situation.

3 Meine Cheopsgeschichte

Im Alten Ägypten spielten Barken für die Nilschifffahrt eine große Rolle.

Rekonstruierte Cheops-Barke im Museum an der Südseite der Cheopspyramide Quelle: www.benben.de

Die Königsbarke war vorne und hinten mit einem einfachen Richtpfahl ausgestattet, der eine kultische oder mystische Bedeutung besaß.

Nun sagte ich zu Architekt Sahin:

»Jedes Projekt hat eine Vorgeschichte und meine liebste ist folgende:
Nehmen wir an, König Cheops lud seinen Neffen Hemiun zu einer Bootsfahrt auf dem Nil ein. Sie fuhren also mit seiner 40 Meter langen Königsbarke den Nil entlang und vor dem (größten) Tafelberg sagte er zu ihm:

„Sieh' diesen Berg, darin soll mein Grab sein."
Und Hemion schluckte und sagte:
„In diesem großen Berg?"
„Ja er entspricht meiner himmlischen Größe und er wird mir den Weg zur Sonne weisen."
„Den Berg müssen wir aber schon noch ein bisschen schöner gestalten."
„Ja, er soll eine Pyramide werden wie in Saqqara, nur viel größer und schöner."
Hemion war erstaunt: *„Das ist nicht so einfach."*
„Lass` dir was einfallen ich will eine Pyramide sehen."
Angeregt von den ersten Pyramiden in Saqqara und von der neu erfundenen Bauweise mit Steinen sowie mit der Vorstellung einer riesigen, in der Sonne gelb und bei Sonnenuntergang in Rot strahlenden Pyramide könnte König Cheops auf diese Idee gekommen sein und für die Umsetzung beauftragte er seinen Wesir Hemiun -und er wurde nicht enttäuscht.

4 Baumeister Hemiun

Baumeister Hemiun war sicher eine stattliche Erscheinung. Gebildet, ein Gelehrter eine Art Professor mit viel Charisma, dicklich, das Gegenstück zum üblichen hageren Volk. Er hatte vermutlich eine braune Hautfarbe (auf nachfolgendem Foto etwas eingefärbt) und schwarze oder graue Haare. Man dürfte ihn sicher als ein Genie bezeichnen und seine Intelligenz war die Grundlage für die Pyramide.

„Pyramiden-Genie" Hemiun
Roemer- und Pelizaeus Museum Hildesheim Quelle 1)

5 Die Bauorganisation

Dem Baumeister Hemiun war klar: Um so ein Projekt zu managen braucht man kluge Mitarbeiter und eine sehr gute Organisation mit mindestens folgenden Personen:

- Verwaltungsbeamte für die Bezahlung aller Kosten
- Architekt und Techniker für die Gestaltung

- Projektleiter vor Ort für die Einteilung der Arbeiter
- Personalchef für die Personalbeschaffung und
  Verpflegung.

Das waren nur die Führungskräfte aus der oberen Gesellschaftsschicht, sowie viele weitere Personen für:
- Materiallager
- Großküche
- Transport von Getränken und Lebensmitteln
- Toilettenanlagen (Einrichtung Entsorgung)
- Schlafmöglichkeiten
- Krankenhaus und Versorgung der Verletzten
- Friedhof und Bestattung toter Arbeiter
und sehr vielen Arbeitern im Steinbruch und auf dem Gerüst (folgt).

Um das alles bewältigen zu können, waren mit Sicherheit alle arbeitsfähigen Personen des Kaiserreiches involviert.

6 Die Arbeitsweise

Man darf aber nicht davon ausgehen, dass es einen Plan und eine Art „Projektstart" (ein Pfiff und es geht los) gab. Eine solche Arbeitsweise entstand erst in der Industrialisierung. Es gab natürlich einen Anfang aber ganz langsam. Menschen sind von Natur aus - damals wie heute - faul und bequem (das ist kein Vorwurf sondern nur eine Erkenntnis). Es gab damals auch keinen Zeitbegriff im heutigen Sinne (schließlich wurde die Uhr erst rund 3000 Jahre später erfunden), es gab nur die täglich auf- und untergehende Sonne, das immer gleiche Wetter und die Flutzeiten des Nils. Alles ging deshalb sehr langsam seinen Gang wie es im Prinzip auch heute noch so ist.

Und es galt sicher auch damals unter allen Handwerkern das (positive) Prinzip, mit dem geringsten Aufwand den höchstmöglichen Erfolg zu erreichen. Anders gesagt: Nur so viel Aufwand als nötig, vor allem bei sicher „schlechter" oder keiner Bezahlung. Auch die erwähnte Hitze darf man nicht vergessen.

»Unsere Mentalität«, sagt Sahin, »war damals so und ist es noch immer: vor Arbeitsbeginn in einer Gruppe bei einander zu sitzen, einen Tee zu trinken und alle Themen ausführlich und in aller Ruhe zu besprechen«. Dies dürfte also auch damals schon so gewesen sein, denn sie passt zur menschlichen Natur.

Arbeiter bei den Pyramiden 2015

Mit tonnenschweren Steinen in *sieben Minuten* (gemäß den genannten Theorien) einen kilometerlangen steilen Weg hochzurennen und dies bei heißen Temperaturen und 10 Stunden am Tag jahrelang; solche Vorstellungen sind völlig abwegig.

15. Die Formung zur Pyramide

Der genannte Hemiun ist namentlich als Baumeister der Cheops-Pyramide überliefert. Ich gehe also davon aus, dass er vom König bzw. Pharao Cheops gemäß obiger Geschichte den Auftrag erhielt, für ihn eine Pyramide zu schaffen.

»Architekten von Heute«, meint Sahin, »gehen bei einem Projekt dieser Art gerne von einem „großen Plan" aus. Dies dürfte aber nicht so gewesen sein. Nicht deshalb, weil man bisher keinen Plan gefunden hat, sondern weil er nicht erforderlich war. Das Projekt stand ja bereits vor den Arbeitern war für alle zu sehen«.

* Learning by doing
Ich kenne es aus der Altbausanierung: Man hat eine Steinwand vor sich und weiß nicht, was geschieht oder hervor kommt, wenn man die Wand verändern will. „Learning by doing" sagt man heute dazu. Ähnlich aber, in viel größerer Dimension, dürfte es auch bei Hemion gewesen sein. Er hatte einen echten riesigen Berg vor sich. Vielleicht in dieser Art:

Vielleicht so?

Oder vielleicht so?

Riesiger Tafelberg – hier mein „Musterberg"

»Der Genius von Hemiun bestand darin», beginnt Sahin, »in großen, damals noch unbekannten Dimensionen zu denken und noch nie Dagewesenes in die Tat umsetzen zu können. Versetzen wir uns in seine Lage:

Vor ihm stand ein riesiger Tafelberg. Das Innere war unbekannt. Die Bergstruktur, die Art der Gesteine usw. sind von außen kaum zu sehen. Man weiß bei der Arbeit nie, was als nächstes geschehen wird.

Seine Genialität war die Herangehensweise. Dabei muss man davon ausgehen, dass das Bodenlevel damals rund 10 Meter tiefer lag als heute (die damalige Pyramide war also auch vom Bodenlevel etwa 10 Meter höher als heute).

Die Grundsatzfrage war: Wie gehe ich das Projekt, einen *Tafelberg zu einer Pyramide* zu gestalten, grundsätzlich an?«

Foto von 2015 über Erdarbeiten aber kein Fundament

»Man muss sich den Tafelberg von oben her als Pyramide denken können, ohne ihn zu besteigen, denn dafür ist er zu steil« meine ich.

»Ja« ergänzt der Architekt, »er hatte sicher ein grafisches Gedächtnis und stellte sich den Tafelberg bereits als fertige Pyramide vor. Das war ja das Ziel.
Bei der Umsetzung ging sicher schrittweise vor.

1 Erster Schritt: Die Pyramidenform als Vorlage

Baumeister Hemiuns erster genialer Schritt bestand, darin ein Gerüst, vermutlich aus Zedernholz, als Vorlage am Berg aufzustellen.

Man sollte bedenken, dass diese geplante Pyramide „bauliches Neuland" war. Zwar dürften Hemiun die Pyramiden aus Saqqara (südlich der damaligen Hauptstadt Memphis) bekannt gewesen sein, aber dieser Tafelberg in Giseh hatte jedoch eine ganz andere Dimension, denn er war mehr als doppelt so hoch wie die Pyramide in Saqqara«.

Zedernholz war nach den Überlieferungen bis zu 40 Meter lang, ausreichend stark und wurde importiert. Daraus konnten gerade Gerüste erstellt und vier Mal miteinander verbunden werden, um die Höhe zu erreichen.

Am Tafelberg Stangen aus Zederholz aufstellen und ausrichten

»Diese Stangen mussten genau im jeweils rechten Winkel als Dreieck aufgestellt sein. Ausgehend von diesen Stangen war die Pyramidenform machbar«.

Die Pyramidenform am Tafelberg - als Idee

2 Zweiter Schritt: Die Außengerüste und exakte Ausrichtung

Lange habe ich mich gefragt, wie die „schnurgerade" Ausrichtung der Pyramiden, und zwar im exakten Winkel zueinander, handwerklich geschaffen werden konnte. Die Lösung habe ich durch Zufall auf einer Baustelle in Persepolis im Iran gesehen. Später auch an einer aktuellen Baustelle in Saqqara.

Das Mittel dazu sind Quarzsteine aus dem Quarzsand der Wüste. Diese wurden als sogenannte Sonnenspiegel verwendet. Mit Hilfe der Sonne wurden zunächst die Außengerüste auf dem Boden stehend exakt gerade ausgerichtet (Sonnenstrahlen sind absolut gerade) und so ausgerichtet ist ein solches Lichtsignal über viele Kilometer sichtbar, reichte also in jedem Fall jeweils für die Länge einer Pyramidenseite.

Bis dies gelang, dürfte sicher eine längere Zeit vergangen sein und viele Versuche beansprucht haben. Aber die Zeit spielte (noch) keine Rolle.

Stangen aus Zedernholz exakt im Winkel

Dieses Außengerüst musste letztlich in der Höhe etwa 4 Mal verlängert werden (4x je 40 Meter einschließlich Überlappung).

3 Dritter Schritt: Innengerüste

An den Außengerüsten wurde dann Innengerüste angebracht und um die Stabilität zu erreichen mit den Außengerüsten verbunden.

»Man brauchte also aus statischen Gründen«, sagt der Architekt, »zwei Arten von Gerüsten: Innen- und Außengerüste. Die *Innengerüste* waren außerdem noch für die Arbeiten an der Pyramide wichtig, um die schräge Pyramidenform zu erreichen. Zu diesem Zweck wurden an ihnen *Messzeichen* angebracht oder auch extra Stangen mit Messzeichen. Diese zeigten den Arbeitern an, ob und wieviel an Bergmaterial abgetragen werden musste, um die Pyramidenform zu erreichen.

Die Arbeiter schlugen also, jeweils auf dem Gerüst stehend, mit ihrem Holzhammer oder mit dem Spaten die Steine des Tafelberges bis zur Markierung ab«.

Typischer Holzhammer, um Steine abzuklopfen

Ein aktuelles Beispiel:

Renovierungsgerüst auf einer Pyramide 2015:
Das Außengerüst links (mit Mann),
die Innengerüste nach rechts

Ein gutes Beispiel für Innen- und Außengerüste ist auch diese Moschee in Isfahan.

Beispiel Außen- und Innengerüste
an der Moschee in Isfahan (Iran)

Heute gehören solche Gerüste zum Alltag, aber für damalige Verhältnisse war diese Idee genial.

Schema: System von Außen- und Innengerüsten

4 Vierter Schritt: Die grobe Pyramidenform

»Nachdem Baumeister Hemiun - langsam bedächtig und gründlich - die Gerüste besichtigt und für gut befunden hatte, gab er sie für die Bauhandwerker frei«.
Diese kletterten auf den Gerüsten *nach oben* an die Spitze des Tafelbergs und schlugen mit ihren Holz- Stein- und Kupferwerkzeugen die Tafelbergsteine und das natürliche Bergmaterial *von oben* entlang der Gerüste ab und zwar so, dass eine grobe Pyramidenform entstand.

Holzgerüst auf einer Pyramide 2015

Die abgeschlagene Steinmasse ließ man in Rutschen nach **unten**. Damit beantwortet sich die Generalfrage nach dem Transport. Von oben nach unten konnten relativ einfach mit dem üblichen Korbmaterial Rutschen gebaut und verankert werden. Das abgetragene Gestein konnte zerkleinert und - der Schwerkraft folgend - nach unten rutschen. Und von dort konnte es in Körben und auf Schlitten in die Wüste entfernt werden.

Das waren schwere, aber im Prinzip einfache Arbeiten die jeder Mann bewältigen konnte. Für die Durchführung war auch kein bestimmtes „hohes Tempo" erforderlich und es waren hierzu wiederum keine „Zig-Tausenden an Arbeitern" notwendig, was für die Versorgung mit Essen und Trinken ebenso nicht unerheblich war.

Grobes brüchiges Gesteinsmaterial im Pyramidengelände

Das vorhandene Gesteinsmaterial in der Hitze abzuschlagen war zwar eine schwere, aber auch damals schon machbare Arbeit, hauptsächlich für Männer.

Die Arbeitsorganisation

Für diese Arbeit von oben nach unten brauchte man auch viel weniger Arbeiter als bisher angenommen. Oben in der Spitze des Gerüsts hatten ohnehin nur wenige Arbeiter überhaupt Platz und nach unten hin nahm sie zu.

Für schwierigere Gesteinsarbeiten gab es möglicherweise erfahrene Arbeiter und Steinmetze, also Spezialisten. Es ist gut vorstellbar, dass Hemiun eine „Bauschule", also eine Ausbildungsstätte für die Handwerker begründete.

Ich stelle mir für die Arbeiten an der Pyramide folgende dreiteilige Organisation vor:

* Die oberste Arbeiterreihe schlug den Stein und das natürliche Bergmaterial ab - sie waren die *„Steineklopfer"*.
* Unter ihnen standen auf den Gerüsten die *„Abräumer"*, die den abgeschlagenen Bauschutt in Rutschen weiter nach unten ließen.
* Am Fuß der Pyramiden standen die *„Träger und Transporter"*, die den Bauschutt von der Baustelle in das Gelände entfernten.

Die Arbeitsteilung "im Team" ist die älteste Arbeitsweise seit Bestehen der Menschheit.

Renovierungsgerüst 2015;
im Alten Reich an der Cheops-Pyramide:
Steineklopfer, Räumer und Transporter untereinander

Arbeitsteilung und Pausen

Diese Arbeitsteilung in drei Stufen war genial und simpel zugleich und deshalb konnten die Arbeiter leicht der jeweiligen Gruppe zugeordnet werden.

Bei dieser schweren körperlichen Arbeit in der Hitze konnten sich auch die Arbeiter jeweils abwechseln. Naheliegend ist auch, dass sich die verschiedenen Gruppen (Steineklopfer Räumer und Transporter) abwechselten oder vielmehr von einem Projektleiter entsprechend eingeteilt wurden. Es ist gut vorstellbar, dass Baumeister Hemiun ein sehr flexibles System der Arbeitsteilung, das es im Grunde sicher schon länger gab und zwar bei den landwirtschaftlichen Arbeiten, aber vielleicht das erste Mal in dieser fast seriellen Form im Bauwesen praktiziert wurde. Das war damals als Bautechnik sensationell, aber für das Volk offenbar nicht ungewöhnlich (weshalb auch nichts aufgeschrieben wurde).

Pyramidenarbeiter 2015–Eile, Tempo, Zeit, sind Fremdwörter

Das Pyramidion

Zur Pyramide gehört auch die obere Spitze, die Pyramidion genannt wird. Sie ist im Grunde ein Beweis dafür, dass die Pyramide damals nicht neu von unten nach oben gebaut wurde, weil das Pyramidion baulich nicht möglich war, vor allem aus zwei Gründen:

* Es hätte eine Rampe oder Treppe geben müssen, die in eine Höhe von über einhundertfünfzig Metern führt. Aber Rampe und Treppe scheiden, wie schon beschrieben, grundsätzlich aus.

* Das Pyramidion hat nach Berechnungen mehrere Tonnen an Gewicht. Dieses kann mit rein menschlicher Kraft nicht und schon überhaupt nicht in das fünfzigste

Stockwerk transportiert werden.
(Das zeigt sich schnell wenn man heute zum Beispiel eine Waschmaschine – Gewicht nur etwa fünfzig Kilogramm – im Treppenhaus per Hand in den fünfzigsten Stock transportieren müsste.)

Das Pyramidion muss somit ursprünglich ebenfalls zum Tafelberg gehört haben und es wurde oben in diese Form gebracht. Es war sicher die schwierigste Arbeit und die Schwierigkeit lag vor allem in der gleichmäßigen rechtwinkeligen Art, damit die Spitze gerade ist. Es waren sicher sehr viele Versuche notwendig, bis dies schließlich gelang.

Pyramidion der Chephren-Pyramide Quelle 2)

Die Wissenschaftler schreiben von einem „Aufsetzen" des Pyramidions – von oben? Aus der Luft? Nein, es war schon als Tafelberg vorhanden und wurde zu einem Pyramidion *geformt.*
Versetzen wir uns nun in die Lage von Hemiun.

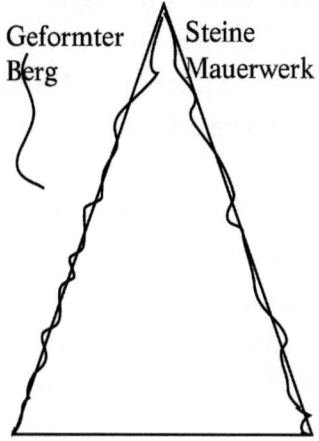

Geformter Berg

Steine Mauerwerk

Er stand nach diesem Bearbeitungsschritt vor einem riesigen Berg, der noch irgendwie „unschön" aussah (geformte Linie), jedenfalls weit entfernt von der Ideallinie. Löcher und Überhänge ergaben sich aus dem Gesteinsmaterial des Berges. Es bedurfte also nun vier schräg verlaufende Mauern in der Form eines Dreiecks.

5 Fünfter Schritt: Das Mauerwerk

Noch immer auf dem Gerüst stehend ging es im nächsten Arbeitsschritt darum, den grob geformten Berg in eine „schöne", vor allem gleichmäßige (Pyramiden-) Form zu bringen, so wie König Cheops und sein Baumeister es wünschten.

Das grobe natürliche Bergmaterial des Tafelbergs, also Löcher und Überstände, mussten ausgeglichen werden, um eine exakte klare und gleichmäßige Pyramidenform zu erreichen.

143

Es bedurfte also jetzt rechteckige oder quadratische Steine. Hierfür geeignete gab es im nahen Steinbruch. Dort wurden sie mit einfachen Werkzeugen per Hand herausgebrochen und manuell bearbeitet, wie unter Ziffer 7 Steinbruch beschrieben.

Baulich gesehen dürfte es deshalb eine enge Zusammenarbeit zwischen den Arbeitern am Gerüst und den Spezialisten (Steinmetzen) im Steinbruch gegeben haben. Dort wurden sie (in tragbarer Größe) zurecht geschlagen, nach oben zur Pyramide getragen oder auch mit Tieren transportiert.

»Am Anfang der Maßnahme stand«, begann der Architekt zu reden, »als der jeweilige Transport an der Pyramide ankam und es gab nur den grob behauenen Tafelberg vor ihnen. Um die genau rechtwinkeligen Pyramidenform zu erreichen kam, es besonders auf die Genauigkeit der ersten Steinreihen an. Sie wurden an den vorhandenen Stangen des Außengerüsts entlang auf dem Boden aufgereiht und ausgerichtet, vermutlich mit dem gleichen Verfahren von Sonne und Quarzsandsteinen, wie beschrieben.

Danach kamen die nächsten Steine, jeweils Schicht für Schicht, miteinander verzahnt und in der Statik angelehnt, an den Tafelberg«.

Das Mauerwerk der Cheops-Pyramide, angelehnt an den dahinter (jetzt unsichtbar) vorhandenen Tafelberg.

Das Mauerwerk - Steine in tragbarer Größe

»Weiter oben«, setzte der Architekt seine Rede fort, »mussten die Steine von den auf dem Gerüst stehenden Arbeitern einzeln mit Seilen nach oben gezogen und aufeinander eingefügt werden.

Oder man hat sie auch an Ort und Stelle aus dem Kernmauerwerk des Tafelbergs erstellt und direkt in die Steinformation eingefügt.

Es gab bestimmt nicht nur Arbeiter, sondern eben auch „Techniker", die zum Führungsteam gehörten. Diese

145

meldeten den auf dem Berg benötigten Bedarf und die genaue Form der notwendigen Steine an den Steinbruch.«

Es dürfte also eine intensive Zusammenarbeit und „Wechselwirkung" gegeben haben. Schließlich sind diese Steine maßgeblich für die gleichmäßige Form der Pyramide auf der dann im nächsten Schritt die Fassade angebracht wurde.

»Wichtig ist«, sagt Architekt Sahin, »dass diese heute auffällig sichtbaren Steine zum Mauerwerk der „ersten Verkleidung" des groben Tafelbergs gehören. Sie dürften von *unten nach oben* aufeinander aufgeschichtet und an den Tafelberg angelehnt worden sein«.

Auf der nachfolgenden Großaufnahme sind die aufgeschichteten Steine des Mauerwerks deutlich zu sehen.

Vor allem haben diese eine Größe, wie sie von zwei bis vier „starken Männern" noch zu tragen sind.

Das Herausbrechen dieser Steine aus dem nahen Steinbruch, das Zurechtklopfen mit Holzhammer,

Spaten und (Kupfer-) Meisel in die passende Form der Transport zum Gerüst und das Hochheben mit Seilen – vermutlich in mehreren Stufen – dürfte die schwerste und langwierigste Arbeit an der Pyramide gewesen sein.

Dieses Mauerwerk ist meiner Ansicht nach die Ursache für die genannten Bautheorien (Rampe Treppe usw.), weil man glaubte, die ganze Pyramide bestünde aus solchen Steinen. Aber das ist mit Sicherheit nicht der Fall, sonst würde man diese Mauerwerks-Formation auch innen sehen. Aber innen sieht die Pyramide ganz anderes aus, nämlich wie eine Höhle in einem Berg. Somit ist klar, dass die Pyramide hinter den Steinen aus einem Berg, einem Tafelberg, besteht. An diesen zur Pyramide geformten Berg wurde dieses Mauerwerk „angelehnt", denn es könnte nicht für sich stehen, weil es keine dafür geeignete Statik hat.

»Die Steine des Mauerwerks konnten«, beginnt Sahin erneut, »ja mussten sogar an allen vier Seiten gleichmäßig und umlaufend aufgeschichtet und vor allem an den Ecken wie ein Zahnrad ineinander eingefügt werden, um die Statik und „Schönheit" der Pyramide zu erreichen«.

»Sie meinen also«, führe ich den Satz fort, »die Bauhandwerker standen auf den vom fünften Schritt noch immer vorhandenen Innengerüsten, nahmen den jeweils hochgezogenen Stein in Empfang und schlichteten Stein für Stein das Mauerwerk auf. Alles, was Wissenschaftler hier an weiteren Theorien entwickelt haben, sind meines Erachtens bauliche Notwendigkeiten, zum Beispiel dass es hinter diesem Mauerwerk zum Berg hin eine weitere Steinschicht gäbe (weil ein sich ein auftuendes Loch des Berges gefüllt wurde), oder dass das Mauerwerk leicht nach innen vertieft geformt ist (ergibt sich aus der „Anlehnung" an den Berg)«.

»Jeder kann den Test machen«, meint Sahin, »man gehe bei einem Rohbau auf ein Gerüst – es genügt schon ab dem vierten Stockwerk – und stelle sich vor, man würde mit Steinen bauen. Man hat schon nach wenigen Steinen, in die Höhe gebaut, ohne technische Hilfsmittel, keine Orientierung, ob die neuen Steine noch gerade – im Winkel - sind. Und wenn nun dieser Bau eine schräge Pyramide wäre, liegt es auf der Hand, dass es während des Baus viele Nachbesserungen und Improvisierungen gegeben haben muss. Den berüchtigten „Pfusch am Bau" gibt es ja heute noch und er entsteht, wenn von Menschenhand gearbeitet wird, denn der Mensch ist nun einmal nicht perfekt«.
Baulich gesehen darf man auch keinesfalls von den heutigen Möglichkeiten ausgehen.

Mit diesem vor allem heute sichtbaren und dominierenden Mauerwerk war die Pyramide noch nicht fertig!

Zum besseren Verständnis noch einmal die Zeichnung:

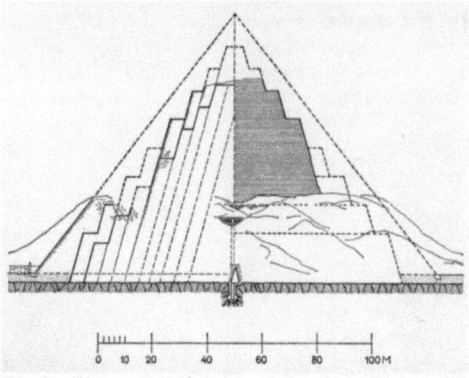

Dreiteilige Struktur: Der Kern besteht aus einem grob zur Pyramide geformten Tafelberg an dem (die heute sichtbaren) Steine des Mauerwerks aufgeschichtet sind und daran wiederum eine *Fassade* (gestrichelte Linie) angebracht wurde. Quelle 4)

Es fehlt also jetzt noch die Fassade.

6 Sechster Schritt: Die Fassade

An der Chephren-Pyramide sind oben die
Reste der Fassade gut zu sehen (2015).

Die Anbringung der Fassade kann aus Gründen der
Schwerkraft nur aufbauend von unten nach oben erfolgen
sein. Beispielhaft ist hierfür die Pyramide in Meidum,
welche vor der Cheops-Pyramide gebaut wurde.

Nordseite der Pyramide in Meidum Quelle 4)

Es ist hinten das Mauerwerk zu sehen, auf dem Fassadenplatten aus Kalksandstein sorgfältig eingefugt aufeinander aufgeschichtet sind. So dürfte die Fassade auch bei der Cheops-Pyramide gemacht worden sein. Vom Erdboden beginnend wurden die angelieferten Fassadensteine wiederum Stein für Stein aufeinander aufgeschlichtet, an die Mauersteine angelehnt und vermutlich mit Gips (Bestandteile Kalk und Wasser) gewissermaßen „angeklebt" worden sein, jedenfalls hat Gips eine Bindewirkung.

Aber das ist noch nicht alles.

7 Siebter Schritt: Die geglättete Fassade

Vorher, also eigentlich im sechsten Schritt, wurden die Fassadenplatten glatt geschliffen.

Das ist noch gut zu sehen bei der Mykerionos-Pyramide. Hier hat man die Außensteine glatt abgeschliffen, so dass der Eindruck einer „glatten Fassade" entstand (die inzwischen abgebrochen ist oder gestohlen wurde oder man hat die Arbeiten wieder eingestellt).

Auch die Cheops-Pyramide war mit glatten Fassadensteinen verkleidet.

Die Wirkung:

Wenn nun die Sonne auf diese weißen, glatten Fassadenplatten schien, muss sie *beeindruckend gestrahlt haben*. Tagsüber weiß, morgens und abends rot-orange-gelb.

Später war das zusätzlich auch bei den zwei anderen Pyramiden der Fall.

151

Die geglätteten Steine der Mykerionos-Pyramide

Nun macht auch der Standort außerhalb der Hauptstadt Memphis einen Sinn, weil nämlich, von Memphis aus gesehen, erhöht in der Ferne zuerst eine, die Cheops Pyramide, später drei in der Sonne strahlenden Pyramiden, ab spätem Nachmittag in der Abendsonne orange und schließlich rot strahlende und damit *beeindruckende* Pyramiden zu sehen gewesen sein dürften! Der Sonnengott Rah schien täglich zum Greifen nah.

Zwischenfazit :

Die drei Pyramiden in Gizeh sind in komplexen Arbeitsschritten geschaffen worden:

Erstens:
Die Formung eines jeweiligen Tafelbergs zu einer Pyramide. Dies war angesichts der Masse eine unglaubliche Leistung sowohl von Hemiun als das Genie, wie auch von seinem Team und den vielen weiteren unbekannten Arbeitern.

Zweitens:
An diesen grob zur Pyramide behauenen Tafelberg wurde ein Mauerwerk aus behauenen Steinen angelehnt. Dies hatte zwei wesentliche bauliche Vorteile: Die Form des Bauwerk war bereits vorgegeben es bedurfte keiner eigenen Statik nur die Arbeitsweise musste angepasst sein. Inzwischen dürfte auch der Beruf des Steinmetzes soweit weiterentwickelt gewesen sein dass man wusste wie man mit Steinen umgehen musste.

Drittens:
Die Krönung des Bauwerks war – wie das auch heute noch ist - die in mindestens drei Farben nämlich tagsüber in weiß, bei Sonnenuntergang in orange und rot strahlende Fassade, die aufgrund ihrer „gehobenen Position" weithin sichtbar war. Whouw! würde man heute rufen.

Nebenbei beantwortet sich auch eine andere Frage nämlich: warum die Nachfolger von Cheops eine kleinere Pyramide haben, wenngleich es menschlich ist, dass Nachfolger, vor allem Söhne, für gewöhnlich den Vater übertrumpfen wollen.

Die Antwort ist: Sie hatten keine Wahl! Sie standen vor der Entscheidung: Entweder den nächsten Tafelberg zu nehmen oder keine Pyramide zu haben, denn die missglückten Versuche in Saqqara waren sicher abschreckend. Die Gestaltung eines Tafelbergs zur Pyramide hingegen war ja nun schon bei Cheops absolut gelungen.

Allerdings war der nächste Tafelberg nun einmal kleiner und stand vom Nil aus gesehen hinter der Cheops-Pyramide und diesen „Nachteil" mussten die beiden Nachfolger einfach hinnehmen. Dafür strahlten gleich drei Pyramiden als eine Einheit!

Das könnte aber auch der Grund sein, warum Chephren der Sohn von Cheops dafür den Sphinx vom Nil aus gesehen VOR seinem Vater, also „in der erste Reihe" aus dem vorhandenen Gestein hat formen lassen welcher – und da sind sich die Wissenschaftler einig – aus dem Felsen gehauen wurde. Bei den jährlichen Nilüberschwemmungen stand er dann weitgehend unter Wasser, was wiederum die entdeckten Höhlen unter dem Sphinx erklärt. Der Pyramidenbau ist allerdings noch immer nicht fertig.

8 Achter Schritt: Der Innenaushub

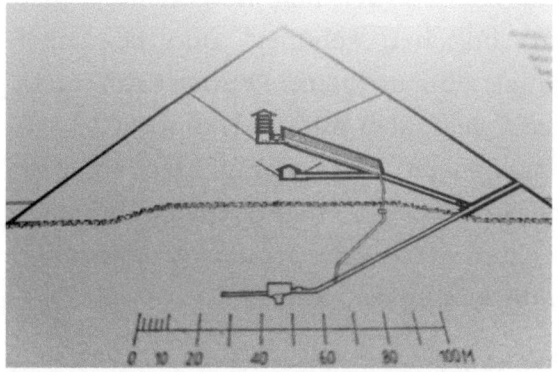

Zeichnung der Innenstruktur Quelle 4)

Mein Begleiter, Achitekt Sahin, meint dazu:

»Sobald der Tafelberg die grobe Form der Pyramide hatte - vermutlich auch gleichzeitig - machte man sich daran, das Innere des Berges auszugraben. Dabei folgte man vor allem der *natürlichen Bergstruktur*. Eine konkrete Planung war zu diesem Zeitpunkt eigentlich entbehrlich, denn man konnte ohnehin nicht wissen, wie diese Bergstruktur im Detail war. Man konnte sich also nur Schritt für Schritt voran arbeiten.«

Ich hatte einmal die Möglichkeit in Deutschland (Sachsen), ein älteres, stillgelegtes Bergwerk besichtigen zu können. Eine kleine Gruppe und ich stiegen - mit Taschenlampen ausgerüstet - hinab in die Tiefe. Und Überraschung: Es sah im Grunde vergleichbar aus wie in der Pyramide: Eine große „Galerie" unterschiedlicher Steine und Bergstrukturen (Mineralien) und ein Auf und Ab des „Weges" mit engen Passagen. Hätte das Bergwerk für Besichtigungen durch Touristen freigegeben werden sollen hätte, man es handwerklich hergerichtet, also einfach alles ein „bisschen schöner" und bequemer gemacht. Das muss damals beim Pharao-Grab nicht ebenso gewesen sein liegt, aber auf der Hand.

Ich will damit nur sagen, dass Schluchten schmale Durchgänge hohe Galerien usw. nichts Ungewöhnliches im Bergbau sind. Man denke nur an die verschiedenen schönen Höhlen, die es weltweit gibt.

Zugänge als Rutschen

Im Berg gab also mit größter Wahrscheinlichkeit natürliche Schluchten, Löcher, Höhlen, die begehbar gemacht werden sollten. Um das sich ergebende gewaltige Steinmaterial nach unten bringen zu können, dürften die späteren Zugänge in dieser Bauphase – der Schwerkraft folgend - zunächst als Rutschen für den Abtransport des Bergmaterials *nach unten* gedient haben.

Die damals viel kleineren Menschen gruben also Stollen nach oben und unten und ließen dann in diesen Stollen das Bergmaterial von oben nach unten rutschen. Am Bodenlevel konnte es dann abtransportiert werden.

Das Innere des Berges hat vor 4500 Jahren mit Sicherheit deutlich anders ausgesehen als heute, denn wie eingangs schon beschrieben, haben in den Jahrtausenden hier viele Menschen „Hand angelegt" und niemand hat es verhindert. Heute kann man deshalb nur Vermutungen anstellen.

Zugang heute, schön (touristentauglich) geglättet

9 Neunter Schritt: Innengestaltung und Fertigstellung

Zum Abschluss dürfte sich Hemiun mit dem eigentlichen Grab des Königs und der Königin beschäftigt haben. Ob die Pharao-Grabkammer auch diejenige war, die heute als solche bestimmt ist, kann sein, halte ich aber, wie schon dargelegt, für unwahrscheinlich. Es kann und dürfte ganz anders gewesen sein. Jedenfalls liegt es nahe, dass Hemiun weiterhin pragmatisch vorgegangen ist und vor allem anhand der gegebenen Bergstruktur - und weniger anhand eines Planes - gemeinsam mit dem Pharao und seinen Priestern die Details des Inneren festgelegt hat.

Ein wichtiger Punkt war sicher der geschützte Zugang in das Innere der Pyramide, denn dieser war schließlich eine geheime Sache, um sich vor Räubern zu schützen (was aber, wie wir wissen, vergeblich war). Archäologen graben heute normalerweise etwa zehn Meter in die

Tiefe, um an das damalige Erdnivea zu kommen. Also dürfte der damalige Zugang ebenfalls zehn Meter in der Tiefe des Erdreichs liegen, denn es ist nicht anzunehmen, dass die Priester mit der Mumie des Pharaos auf ein Gerüst gestiegen wären und eine gebaute Treppe gab es sicher nicht, denn diese würde die Optik sehr stören. Es wurde auch keine gefunden.

Auch sollte man den damaligen Totenkult beachten. Hemiun selbst ist zum Beispiel in einem unterirdischen Grab, einer Mastaba, im westlichen Gräberfeld der Cheops-Pyramiden bestattet (welche ebenso ausgeraubt wurde).

16. Die Beerdigung

Man weiß nicht, ob der Pharao Cheops die Fertigstellung der Pyramide noch erlebt hat oder ob er überhaupt in der Pyramide beerdigt wurde. Eine Beerdigung im heute vorhandenen Sarkophag, auch wenn er keinen Deckel hat, halte ich, wie schon erwähnt, für nicht wahrscheinlich.

Diesen tonnenschweren Trog aus Granit (siehe nächste Seite) innen und außen fein geschliffen, konnte man damals nicht auf einem Gerüst nach oben transportieren und an diese Stelle in der Grabkammer bringen.

Angeblich Cheops Grab Quelle: Ägyptisches Museum

Außerdem steht ein menschlicher Umstand dagegen, denn dass Priester die Mumie des Pharao auf einem Baugerüst nach oben wuchteten und sie selbst mit Gefolge auch über dieses oder ein neues Gerüst nach oben gestiegen wären, um die Zeremonien des Totelkultes zu vollbringen, halte ich für ausgeschlossen. Falls es hier eine Beerdigung von Pharao Cheops gab, war damit auch eine entprechende Zeremonie verbunden, die sicher auf dem Boden (und nicht in der Höhe) stattfand.

Auffällig sind die früheren Berichte über den unterschiedlichen Zustand. Kurz gefasst:

639 nach Chr. finden Araber in der Grabkammer in der Mitte eine *marmorene Mulde mit einem Deckel* verschlossen und morsche Knochen

1553 fand Pierre Belon eine *Truhe aus schwarzem Marmor ohne Deckel* vor und in

der Großen Halle (Gallerie) einen Brunnen
mit Wasser

1580 stieg Jean Palerne mit Begleiter von oben in
die Pyramide ein und fand einen tiefen
Brunnen vor *einen Trog ohne Deckel* aber
ein Stück war abgebrochen

1740 schreibt der schon unter Ziffer 9.3
genannte Benoit De Mailett von einem *Trog
mit Deckel*

Auch die Beschreibungen des Inneren der Cheops-
Pyramide sind eigentlich chaotisch.

Möglich könnte aber sein, dass damals in diesem Raum
– nach Fertigstellung der Pyramide – kultische
Handlungen stattfanden.

Wie dem auch sei, von den wirklichen Zugängen und
der Ausgestaltung des Inneren des Berges dürften
damals nur wenige vertrauensvolle Personen Bescheid
gewusst haben.

Man baute außerdem auch eine Mauer um die Pyramide
und hielt damit das Volk auf Distanz. Die
Vertrauenspersonen starben und die sechs Stunden
Fußweg entfernten Pyramiden samt Pharaonen gerieten
mit den nächsten Generationen zur Nebensache. Die
Pharaonen des „Alten Reichs" gehörten bald zur
Vergangenheit, so wie auch heute noch der Ruhm
verstorbener Persönlichkeiten bald verblasst.

Allerdings haben die drei Könige ein markantes und
dauerhaftes „ewiges" Bauwerk hinterlassen.

17. Das Endergebnis

Die Cheops-Pyramide in Giseh konnte damals vor rund 4500 Jahren mangels technischer Geräte *nicht als ein Neubau-Projekt* von unten nach oben „gebaut" werden, sondern das Bauwerk ist vielschichtiger.

1 Die Kernstruktur

Zunächst gibt es im Innern einen *Tafelberg*. Er bildet das Kernmauerwerk und damit *die natürliche Statik*.
Die Kernstruktur war somit als *natürlicher Berg* schon vorhanden, das heißt, man brauchte keine Statik, kein Fundament, und vor allem: die Dauerhaftigkeit war aufgrund der Bergstruktur gegeben!

2 Die Formung zur Pyramide

Dieser Tafelberg wurde mithilfe von Gerüsten von **oben nach unten** mit Hammer Äxten Schaufeln und Spaten zur Pyramide *geformt (creadet).*

Das abgeschlagene Bergmaterial konnte in Körben und in Holzschlitten per Hand oder mit Hilfe von Kamelen und Eseln leicht abtransportiert werden. Diese Arbeit war gewissermaßen der erste Bauabschnitt, der „Rohbau."

Beispiel von einer andeeren Pyramiden-Baustelle:

Hierakonpolis um 2955 – 2635 v.Chr. Quelle 1)

Aufgrund der Bergstruktur gab es Löcher und Überstände zur Idealform, so dass der grob behauene Berg noch einer gleichmäßigen Schicht aus Steinen bedurfte.

3 Das Mauerwerk

Im nächsten Schritt kam deshalb das heute sichtbare Mauerwerk. Angelehnt an den Tafelberg wurden behauene Steine aufeinander geschichtet und zwar, der Schwerkraft folgend, von unten nach oben. Damit wurde eine gleichmäßige genau im Winkel ausgerichtete Pyramide erreicht, der auch das Wetter (vor allem der Wind) nichts anhaben konnte.

Diese Steine sind die heute auffällige Verkleidung, der dahinterliegenden Bergstruktur fehlt jedoch noch die das Bauwerk abschließende Fassade.

4 Die Fassade

Im nächsten Schritt kam die Fassade an die Reihe. Sie bestand – heute noch teilweise oben an den Pyramiden ersichtlich – aus entsprechend glatt geschliffenen und tragbaren Kalksandsteinen. Diese Kalksandstein-Platten mussten also zuerst im Steinbruch herausgebrochen und/oder direkt aus dem Berg entnommen und in den nächsten Arbeitsgängen per Hand in die rechteckige Form gebracht und glatt geschliffen werden.

Im nächsten vierten Arbeitsgang mussten die geschliffenen Platten an die jeweilige Stelle auf der Pyramide nach oben getragen oder mit Seilen nach oben gezogen und an den vorgesehenen Platz transportiert werden.

An Ort und Stelle wurden die geschliffenen Platten dann jeweils auf das Mauerwerk aufgebracht und vermutlich mit Gips befestigt. Dieser Gips dürfte die Schwachstelle gewesen sein, denn Gips nimmt Feuchtigkeit auf, löst sich dann auch auf, verliert somit seine Festigkeit und damit die „Klebefunktion" zwischen Mauerwerk und Fassadenplatten. Ergebnis: Die Fassadenplatten lösen sich und stürzen ab.

Die unteren Reihen konnte man natürlich auch einfach aufschichten und ausrichten. Sie wurden inzwischen zu anderen Zwecken verwendet.

5 Die Innengestaltung

Unabhängig von den Außenarbeiten konnte im Inneren des Berges die Ausgestaltung vorgenommen werden.

Ein- und Ausgänge wurden gegraben und diese waren ideal auch für den Abtransport des anfallenden Bergmaterials geeignet.

Die Struktur des Inneren sieht in der Tat so aus als habe es dafür einen Plan gegeben. Aber das dürfte nicht der Fall gewesen sein. Man stelle sich vor, man stehe in einer großen unbekannten Höhle: Man weiß nicht wie es weitergeht. Sollte man einen Gang graben wollen, würde man dort beginnen, wo es möglich ist. In gleicher Weise dürfte auch dieses komplexe System überwiegend zufällig entstanden sein. Man kann es nicht mehr nachvollziehen, weil in der Zwischenzeit zuviele bauliche Veränderungen, wie beschrieben, vorgenommen wurden.

Leider kann man nur den Zustand sehen wie er *heute* ist. Vor 4500 Jahren kann – und dürfte auch – der Zustand ein anderer gewesen sein. Ich persönlich vermisse Luftkanäle für die Zufuhr von Sauerstoff für die arbeitenden Menschen und für die wohl auch erstmals erfundenen Fackeln (konnte nun schon Feuer verwendet werden oder wie sonst konnte man damals im Dunkeln arbeiten?) oder Kerzen sowie Luftkanäle für die Abluft des Staubes von den Arbeiten am Bergmaterial.

Einen Blick wert sind auch die drei Kammern, allen voran die Kings Chamber Nr. 10.

Hier haben *britische* Soldaten in den Jahren um 1800 durch Sprengungen mit Schießpulver „gründliche Zerstörungsarbeiten" geleistet. Dabei legten sie eine unerklärliche Kammerstruktur der Kings Chamber frei.

Mir schein klar, dass kein Mensch der damaligen Zeit *inmitten eines Berges* so etwas gebaut haben kann, Stichworte: Gewicht, Statik und Fundament. Es muss sich um einen Teil der ursprünglichen Struktur des Tafelberges handeln.

Ebenso müsste, wenn das Innere des Berges von Menschenhand gebaut wäre, auch die aufsteigende Grand Gallery einen *statischen Unterbau* haben.

Heute sind, wie erwähnt, die Wände glatt und zur Sicherheit der Touristen mit Eisenhalterungen verstrebt. Man kann also den Originalzustand nicht mehr feststellen.

6 Schlusswort

Es dürfte somit richtig sein, dass jede Pyramide aus drei Teilen besteht und zwar aus
- einer groben Bergstruktur. Sie gewährleistet die Statik
- aufgeschichteten Steinen in tragbarer Größe
  als Mauerwerk für die Ästetik der Pyramide
  und zugleich als Träger
- einer darauf angebrachten und geglätteten
  heute kaum mehr sichtbaren Fassade
  als Schmuckstück der Pyramide.

Man muss feststellen: Der Pyramidenbau war damals von Wisir Hemiun für seinen Pharao eine geniale und gigantische Meisterleistung!

Die bisherigen hervorragenden Leistungen der Ägyptologen werden mit dieser praktischen und sehr wahrscheinlichen Lösung keineswegs geschmälert. Sie sollten nur einsehen, dass die Pyramiden zur damaligen Zeit keinesfalls als kompletter Neubau von unten nach oben neu „gebaut" werden konnten.

Viel wahrscheinlicher ist eben, dass sie als Tafelberge schon vorhanden waren, weil sie den dortigen Gegebenheiten entsprechen. Entlang des mehr als 1000 Kilometer langen Nils gibt es Hunderte von Tafelbergen in allen Größen.

Um die allerletzte Gewissheit zu haben sind deshalb

nicht Ägyptologen sondern Geologen und Bergbauingenieure mit der heutigen modernen Messtechnik gefragt. Nur sie könnten prüfen und bestätigen, dass es sich bei den Pyramiden im Inneren jeweils um einen früheren Tafelberg handelt.

Quellen:

© Bilder ohne Hinweise stammen vom Autor

1) Claude Vandersleyen Das Alte Ägypten Propyläen Kunstgeschichte Propyläen Verlag Berlin 1975

2) Kazuyoshi Nomachi/Gerhard Konzelmann Nil Strom der Ströme Verlag Herder Freiburg-Basel-Wien 1989

3) Semsek Hans-Günter Ägypten und Sinai Dumont Kunst-Reiseführer DuMont Reiseverlag Ostfildern 2011

4) Müller-Römer Frank Der Bau der Pyramiden im Alten Ägypten Herbert Utz Verlag München 2011

5) Oeser Erhard Cheops's Geheimnis - die wissenschaftliche Eroberung Ägyptens Verlag Philipp von Zabern Darmstadt/Mainz 2013

6) Von Retyi Andreas Geheimakte Gizeh-Plateau Rätsel unter dem Sand Kopp Verlag Rottenburg 2005 (allgemeine Infos von Gängen unterhalb der Sphinx).

7) Gottschall Christina und Sabine Heilig „Sansibar Reise-Handbuch" Unterwegs Verlag

Manfred Klemann Singen 2001

Websites (allgemeine Informationen):

8) Wikipedia Pyramids of Egypt (English)

9) Planet-Wissen.de (german)

10) gizapyramid.com (english)